초등음악수업,
질문에 답하다

주대창 백재연 강명신 최미설
최은아 조해리 정일영 지음

여는 글

이 책은 초등학교 현장에서 음악 수업을 하시는 교사들의 고민과 질문에 귀를 기울이는 것에서 출발하였습니다. 저자들은 특히 음악 수업을 어려워하시는 교사들의 질문을 모으고, 답을 찾기 위해 노력해왔으며, 그 과정에서 작은 책이 만들어졌습니다.

책을 집필하면서 저자들이 추구한 방향은 다음의 'VISION'에 담겨 있습니다.

- ▣ (**V**ariety) 세상의 여러 가지 소리, 국악 및 여러 나라 음악의 다양성을 인정하고 개방적 태도로 세계의 다양한 문화를 이해
- ▣ (**I**ntegration) 음악이 가지고 있는 인문 · 사회 · 자연과학적인 특성들을 발견함으로써 음악에 대한 시각을 확장시키고, 음악교육을 효율적으로 통합
- ▣ (**S**tep by step) 다양한 정보와 자료를 수집, 분석하고 분류하는 기초적인 작업에 더하여 음악 수업 과정을 단계적으로 제시
- ▣ (**I**nteresting) 음악 수업에서 학생들이 흥미로워하는 문제를 스스로 탐구하고, 자신의 생각과 느낌을 자유롭고 재미있게 표현할 수 있도록 구성
- ▣ (**O**pen mind) 음악을 활용해 생각과 느낌을 표현 및 공감하고 서로의 다름을 수용하고 협력하는 활동 기반
- ▣ (**N**eo-value) 변화하는 가치를 인식하고, 자기 주도적으로 배우며 생활 속에서 음악을 즐기고 공동체에 기여하려는 태도 함양

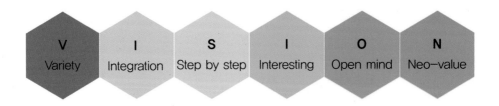

이 책은 이러한 VISION에 기초하여 노래 부르기, 악기 연주하기, 음악 창작하기, 음악 감상하기, 음악 생활화의 각 영역에서 왜, 어떻게 수업을 해야 하는지 소개하고, 영역별 수업 전략을 활용한 다양한 수업 사례를 제시하였습니다. 또한, 국악은 별도의 장을 통해 표현, 감상, 생활화의 각 영역에서 위와 같은 이야기가 이루어지도록 하였고, 국악 특유의 지도 요소들에 대한 노하우가 잘 구현되도록 구성하였습니다.

하나의 책을 통해 모든 질문에 대한 답을 제시할 수는 없지만, 이 책이 교사들과 함께 질문에 대한 답을 찾는 과정이 되고 음악 수업에 대한 Vision을 제시하는 길잡이가 되길 바랍니다. 끝으로 책의 출판을 지원해 주신 (주)피와이메이트 관계자 여러분들께 진심으로 감사드립니다.

집필 의도

 **구성 원리**

음악 수업에 대한 '질문과 답'을 해결해줍니다!

현대 사회가 학교 음악교육에게 기대하는 음악 수업을 구현하기 위하여 음악교사에게는 창의적 수업 아이디어의 개발 및 공유가 지속적으로 필요합니다. 이 책은 그러한 노력을 '질문과 답'의 방식으로 보여줍니다. 초등 음악 수업에서 제기되는 흔하고도 가볍지 않은 질문을 기꺼이 만나 그것의 해결을 위한 시도들을 모아봤습니다.

이러한 작업에서 집필자들은 다음과 같은 세 가지를 주요 원리로 설정하였습니다.

첫째, "학생의 활동 동기를 충분히 이끌어낼 수 있을 정도의 매력적인 내용을 찾는다." 만약 음악교재의 내용이 그 자체로 학생에게 잘 어필하는 경우라면 수업 구성의 그다음 부담은 줄어들기 마련입니다. 물론 음악 수업의 내용 중에는 학생의 흥미 여부를 떠나 꼭 다루어야 할 것들이 존재할 수 있습니다. 이 경우 교재에 투입되는 시각적, 서술적, 자료적 사항들을 가공하여 어떻게든 학습 활동의 흥미를 높여야 합니다. 다시 말하면 소재로 쓸 음악에서 학생들이 호기심을 가질 만한 것을 일차적으로 찾아보고, 그것이 여의치 않으면 수업 구성의 다른 요소에서라도 찾아서 반영하여야 합니다.

둘째, "음악의 전달보다 음악의 활용에 초점을 둔다." 이를 위해 학습 활동의 단위마다 음악의 실제 활용에 대한 체감을 높이려고 하였습니다. 음악을 배우는 그 현장의 시간에 배운 사항이 적절히 활용의 형태로 투입되는 방식의 접근은 이후 학습 내용을 스스로 심화시키고 창조적으로 변형해가는 데 관성을 제공합니다. 물론 음악교육에서 학습 내용의 수준 때문에 부득이 여러 차시를 나누어 단계적 접근을 시도할 수밖에 없는 경우가 있습니다. 하지만 작은 부품도 전체 완성품에 들어갔을 때 그 역할을 다하듯이 어떤 음악적 내용도 음악활용이라는 전체 우주 속에 위치시키려고 노력하여야 합니다.

셋째, "지도내용들을 유기적으로 엮어 수업의 줄거리가 형성되게 한다." 이렇게 되면 학습 주제나 단원 또는 차시의 구성이 학습 목표를 근간으로 하나의 완전체의 모습을 지니게 됩니다. 이것은 곧 앞에서 논의한 음악활용의 촉진을 염두에 둔 실효적 접근입니다. 익혀야 하는 '부분적 사항'과 그것이 엮어내는 '전체적 의미'가 하나의 유기체로 서로 연결될수록 학생의 창조적 활용 가능성은 높아집니다. 음악 수업의 전후맥락에 학생이 공감할 수 있도록 학습 활동들이 모여 하나의 줄거리(스토리)를 형성하게 할 필요가 있습니다. 즉, 음악 수업을 음악처럼 구성해보세요.

가창

자신의 느낌을 자유롭게 표현하며 즐겁게 노래 부르기

노래 부르기는 어떤 사람에게는 가장 쉬울 수도, 어떤 사람에게는 가장 어려울 수도 있는 활동입니다. 누구나 연주할 수 있는 자신의 악기, 즉 목소리를 가지고 있지만 내 맘대로 조절되지 않기 때문입니다. 이러한 노래 부르기는 음악 수업의 중심 활동을 차지하고 있어서 노래 부르기가 어려운 교사나 학생들 모두 피해갈 수 없습니다. 요즘은 제재곡의 음원이 잘 만들어져 교사들이 예전보다는 수월하게 노래 부르기 수업을 할 수 있게 되었지만, 교사가 적극적으로 학생들과 함께 노래하며 다양한 방법으로 지도한다면 훨씬 더 효과적인 노래 부르기 수업을 할 수 있을 것으로 생각합니다.

이 책은 학생들이 노래를 잘하거나 못하거나 상관없이 노래에 흥미를 느끼며, 주어진 곡에 대해 자신의 느낌을 표현하며 노래 부르는 방법을 제시하였으며 이와 더불어 발성 연습 방법과 합창 연습 방법, 교사와 학생 또는 학생 간 피드백을 교환하는 방법을 제시하였습니다. 이러한 방법들은 교사가 학생을 지도할 때 참고가 될 뿐 아니라 교사 자신이 노래를 부를 때도 충분히 적용할 수 있는 방법입니다. 노래 부르기가 어려웠거나 지도하기 어려웠던 교사들은 이 책을 통하여 노래 부르기에 대한 이해가 더 깊어지고 학생들을 지도할 때 다양한 방법들을 적용하여 효과적이고 재미있는 수업을 진행해 보기를 기대합니다.

기악

각기 다른 빛깔로 다양한 음악 활동과 함께 떠나는 악기 여행!

  쉽고 재미있는 악기 연주하기 수업은 학교 현장에서 어떻게 하면 합주를 아이들과 즐겁게 연주할 수 있을까에 대한 고민에서 시작되었습니다. 음악교육에 관심을 갖고 오르프 음악교수법을 체계적으로 배우며 느꼈던 것은 놀면서 배웠더니 너무 멋진 음악을 함께 만들었고, 결과보다는 음악을 만들어 가는 과정에서 이미 만족감을 얻었으며, 연주의 즐거움마저 느낄 수 있었습니다. 쉽고 단순한 가락·리듬 연주를 통해 악기가 하나씩 더해져 함께 연주하는 과정은 음악의 풍성함과 조화를 느낄 수 있습니다. 또한 악기 연주, 신체움직임(율동), 노래 부르기 등이 함께하며 멋진 음악이 완성되는 순간은 뿌듯한 감동으로 다가옵니다.

  학교 수업에서 말리듬, 신체 움직임, 악기 연주의 과정을 거쳐서 아이들이 좋아하는 간단한 놀이와 함께 익히며 배우는 합주는 학생들에게 잊지 못할 특별한 음악적 경험이 될 것입니다. 악기를 쉽게 배울 수 있고 쉽게 연주할 수 있게 하는 것은 쉽게 두드리지만 근사한 소리가 나는 타악기들 덕분이라고 생각합니다. 누구나 쉽게 연주할 수 있는 단순한 리듬 연주는 함께 연주하는 순간 멋진 합주로 탄생합니다. 이 책에서는 악기 교육뿐만 아니라 통합적으로 합주를 할 수 있는 방법을 소개하였습니다. 기존의 학교에서 자주 듣지 못한 재미나고 다양한 타악기들과 선율악기들로 교실에서 악기 연주 활동을 시작해 보시길 바랍니다.

창작

음악 창작 수업, 더 이상 어렵지 않아요!

　흔히 음악 창작이라 하면 많은 사람들은 모차르트나 베토벤과 같은 천재적인 작곡가들이 머릿속에 떠오른 악상을 악보에 적고 그것을 콘서트홀에서 연주하는 장면을 떠올립니다. 그래서 그런지 우리에게 음악 창작은 노래 부르기와 악기 연주하기, 음악 감상하기 등의 다른 음악 활동보다 멀고 어렵게 느껴지기도 합니다. 음악 창작 활동은 다양한 음악적 개념을 습득하고 이를 활용해 새로운 아이디어를 만들며 표현해내는 종합적인 음악 경험이기에 음악교육에 있어 매우 중요한 부분입니다. 그럼에도 불구하고 학교 현장에서 음악 창작 수업이 활발히 이루어지지 못하는 것은 교사와 학생 모두에게 음악 창작 활동이 너무 어렵게 느껴진다는 점 때문이 아닐까요?

　이 장의 내용은 "어떻게 하면 모두가 즐겁게 창작 수업에 참여할 수 있을까?"라는 고민에서 출발하였습니다. 교사와 학생이 겪을 법한 어려움에 공감하며, 수업의 각 단계에 적용될 수 있는 여러 전략과 이를 활용한 수업 예시를 제시하였습니다. 개별 창작과 모둠 창작 그리고 개념을 연계한 수업과 자유로운 발상 및 여러 표현 방법을 활용한 음악 만들기 활동까지, 음악 창작 수업의 다양한 형태를 담고자 노력하였습니다. 또한, 음악 창작을 도와주는 애플리케이션 혹은 프로그램을 소개하고 수업에 어떻게 적용할 수 있는지 안내하였습니다. 이 장을 통해 교사들께서 새롭고 즐거운 음악 창작 수업에 자신있게 도전해보시길 바랍니다.

감상

학생들이 능동적으로 참여하는, 생기 있는 음악 감상 수업을 위하여!

음악은 청각예술이니 음악 듣기 능력을 향상시키는 것이 모든 활동의 기초가 된다고 할 수 있는데, 어떻게 해야 음악 듣기 능력이 향상되는 것일까요? 모든 배움은 능동적인 자세에서 시작되는데, 음악을 능동적으로 듣게 하기 위해서는 어떻게 해야 할까요? 어떻게 해야 음악 감상 수업이 생동감 있게 진행될 수 있을까요?

본 장에서는 이러한 질문들에서 출발해서, 학생들이 음악 감상 수업에 능동적으로 참여할 수 있는 전략들을 탐색하고, 전략들을 적용한 수업안을 예시하였습니다. 여기에서 제시한 수업안은 말 그대로 예시이고, 여러 가지 전략을 적용한 다양한 수업안이 새롭게 만들어질 수 있습니다. 본 장이 학급의 상황과 맥락에 따라 음악 감상 수업을 설계하는 과정에서 마중물과 같은 역할을 할 수 있으면 좋겠습니다.

그리고 무엇보다 능동적이고 생동감 있는 음악 감상 수업을 통해 학생들의 감각과 음악적 감수성이 더 살아나기를, 그러한 감수성이 인간과 세상에 대한 감수성과 연결되기를, 아름다운 것을 경험하고 주변을 아름답게 만드는 토대가 마련되기를 바랍니다.

생활화

학생들의 생활에서 출발하는 음악 수업, 함께 해볼까요?

삶에 음악이 없다면 어떻게 될까요? 잠시 상상해봅시다. 삶과 음악, 그 속에 음악 생활화 교육의 씨앗이 담겨 있습니다. 음악은 이미 학생들의 생활 속 곳곳에 자리 잡고 있습니다. 우리는 음악교육을 통해 학생들이 음악에 대한 긍정적인 가치관을 형성하고, 궁극적으로 능동적인 '음악 향유자'로 성장하기를 기대합니다. 음악의 생활화는 음악교육의 목적과 직결되는 중요한 접근입니다.

현장 교사들은 생활화 중심의 수업을 해봤자 수업 따로, 학생 삶 따로여서 수업과 삶이 제대로 이어지지 못한다는 느낌을 받을 때가 있다고 합니다. 그리고 음악을 생활에 접목하기 위하여 발표회나 학예회 이외에 다른 방식이 있는지, 있다면 도대체 어떤 흐름과 전략을 활용해야 하는지 고민이라고 말합니다.

'학생이 발견하는 음악 생활화 수업'은 열린 분위기 속에서, 학생들이 생활에서 찾은 음악을 다루는 수업입니다. 학생 주도적인 수업이며, 학교 현장에서 잘 다루지 않았던 '사회에서 학교'로 음악을 연계할 기회를 제공합니다. 학생들의 생활에서 출발한 음악은 음악 생활화 수업을 통해 발전하여 다시 학생들의 생활에 쉽게 녹아들 수 있습니다. 이 책에서 제시하는 수업의 흐름, 지도 전략, 수업 사례가 음악 생활화 수업을 어떻게 하면 좋을지 막막했던 교사들에게 도움이 되기를 기대합니다.

6 국악

온고지신(溫故知新)의 정신을 담아 새로운 국악수업을 펼쳐보아요!

성공적인 국악 교육을 위해서는 전통 음악 교육의 필요성에 대한 뚜렷한 교육 목표 설정, 전통 음악에 대한 인식의 변화에 대한 요구가 선행되어야 합니다. 그리고 국악 교육이 나아가야 할 지향점과 이러한 지향점을 위해 추진해야 할 과제 수행은 교육 내용, 교육 방법, 교육 평가가 뒷받침되어야 가능합니다. 이를 위해서는 학생들의 이해를 높일 수 있는 체계적인 내용 제시, 다양하고 재미있는 활동을 통한 효과적인 지도 방법, 그리고 학생들에게 도움이 되는 피드백이 될 수 있는 평가가 조화롭게 이루어져야 합니다. 그렇지만, 현재 초등학교 현장에서의 국악 교육은 이러한 면들이 잘 고려되지 않고 있으며, 이에 대해 구체적인 내용이 소개되어 있는 서적이나 연구도 부족한 형편입니다.

국악 교육의 목표, 내용, 방법, 평가가 적절하게 이루어지는 교육 활동은 현장 수업에서 음악적 이해를 높이고, 학생들의 표현력과 창의성을 높여 줄 수 있습니다. 국악은 서양음악과는 구분되는 독특한 음악 문화를 포함하고 있어서 이와 관련된 기초적인 개념을 학습하는 것이 중요합니다. 따라서 장단의 호흡법, 민요의 토리, 시김새를 비롯하여 단소와 장구와 같은 악기들은 서양 악기 지도 방법과는 차이가 있어야 합니다. 또한 학습 과정에서 추임새와 같은 요소 및 국악곡의 감상에서 학습 요소도 서양음악의 지도 내용과는 구분이 됩니다. 국악 교육에서 새로운 방법에 대한 모색은 국악의 이해를 위한 교수-학습 과정에서 학습자가 과제 해결을 위해 총체적으로 학습할 수 있도록 교육 내용과 방법을 재구성하는 것에 바탕을 두고 있습니다. 학습자가 새로운 아이디어와 과제 해결의 상황에서 그 관계를 이해할 수 있도록 음악적 경험에 참여하도록 기회를 주는 활동이 기초가 되어야 합니다.

이 책에서는 기존의 교육 내용 및 방법과는 차별되는 체계적인 교육 내용과 혁신적인 방법을 제시하되, 학교 현장의 실제적인 수업에 적용될 수 있도록 새로운 지도 전략으로 구성하였습니다. 국악 교육의 표현, 감상, 생활화의 각 영역에서 지도 내용이 골고루 포함될 수 있도록 하되, 쉽고 재미있으면서도 단계적인 접근이 가능하도록 하였습니다. 각 영역에서는 수업의 전반적인 흐름과 함께 수업에서 활용 가능한 교육 내용으로 구성하고, 구체적인 지도 방법을 제시하였습니다. 수업은 악기(장구), 장단, 민요, 감상, 창작, 융합(가(歌)·무(舞)·악(樂))의 6가지 지도 요소가 나타나도록 하였으며, 비대면 수업을 위해 앱을 활용한 수업 방법도 소개하였습니다.

CONTENTS

I

누구나 즐길 수 있는
노래 부르기 수업

Q1: 노래 부르기에 대한
흥미 유발은 어떻게 할까요?

Q2: 효과적인 발성 지도법은
무엇일까요?

Q3: 감동을 주는 음악 표현은
어떻게 하면 좋을까요?

Q4: 화음 지도는 어떻게
하면 좋을까요?

Q5: 학생들에게 피드백은
어떻게 주면 좋을까요?

Q1 노래 부르기는 음악 수업 시간에 가장 흔하게 이루어지는 활동이지만, 의외로 노래 부르기를 어려워하는 학생이 많다. 피아노나 악기를 배워본 경험이 있는 학생들은 비교적 정확한 음정으로 쉽게 노래 부르지만 그렇지 않은 학생들은 입을 벌려 소리를 내는 것조차 어려워한다. 이러한 학생들에게는 노래를 부르게 하기 전, 되도록 지시사항을 자제하고, 노래에 대한 정보를 최대한 노출 시켜 관심을 갖게 하는 것이 중요하다. 가령 노래 가사나 제목에 대한 사진이나 동영상을 보여주며 노래에 대한 정보를 제공하고, 하고 음원을 들려주거나 교사 혹은 학생이 시범을 보이면서 음악에 익숙해지도록 하는 것도 좋다. 또한 개인별로 노래 하기보다는 먼저 제창으로 다같이 노래 부르는 활동을 통해 다른 학생들과 함께 본인 목소리를 내도록 유도하여야 한다.

Q2 노래 부르기 전 몸의 긴장감을 풀기 위해 간단한 스트레칭을 실시한다. 특히 오전 수업시간에는 충분한 시간을 할애하여 스트레칭을 해 주는 것이 좋다. 이후 바른 자세와 바른 호흡을 유지하도록 지도한다. 또한 학생들 중에는 노래할 때 입을 잘 벌리지 않고 노래하는 경우도 많은데 손가락 세 개 정도가 세로로 들어갈 만큼 입을 크게 벌리도록 하고 발성 연습 시 너무 크지 않은 목소리로 노래 부르도록 지도한다. 처음에는 간단한 음계로 발성 연습을 시작하고, 이후에는 제재곡의 일부, 또는 전체로 한 가지 모음으로 노래 부르면서 제재곡 익히기와 발성 연습을 함께 하면 지루하지 않게 발성 연습을 할 수 있다.

Q3 노래는 악기와는 다르게 가사가 있어서 가사를 충분히 이해하고 노래 부르면 음악을 잘 표현할 수 있다. 이를 위하여 우선 가사의 의미를 이해하며 시를 읽듯이 가사를 읽어보는 활동을 할 수 있다. 또한 가사와 음악이 어떻게 연결되었는지 파악해 보고, 셈여림이나 음악 기호를 잘 이해하여 부른다면 노래를 좀 더 표현력 있게 부를 수 있다.

Q4 훈련받지 않은 학생들은 곧바로 화음으로 노래하기 어렵다. 특히 제한된 음악 수업 시간에 합창 부분을 연습하는 것은 교사나 학생 모두에게 매우 힘든 일이다. 따라서 합창 부분을 완벽히 소화하기보다는 화음의 아름다움과 어울림을 느낄 수 있는 돌림노래, 겹침노래(Quodlibet), 화음창(예: I - IV - V) 등의 화음 체험 활동을 하고 교과서에 제시되어 있는 합창 부분은 수업 시간에 할 수 있는 만큼만 짧게 나누어 연습하여 함께 불러 보는 것이 좋다.

Q5 노래 부르기를 좋아하더라도 다른 사람들에게 평가받는 것은 누구나 두려움이 있을 것이다. 교사는 학생들에게 피드백을 줄 때, 우열을 가리는 평가보다는 장점을 이야기하고, 학생들 스스로 노래 부르기 활동의 재미있었던 점, 좋았던 점을 이야기하는 시간을 갖도록 한다. 특히, 학생들의 눈높이에서 공감을 표하며 청취해 주고 격려하는 자세로 소감을 나누는 것이 좋다.

노래 부르기 교육, **왜** 해야 할까요?

노래는 인간의 가장 원초적 음악 활동의 하나이다. 목소리는 누구나 가지고 있는 악기로써 노래 부르기를 통하여 쉽게 음악을 체험할 수 있고, 감정을 표현할 수 있을 뿐 아니라 음악의 예술성을 느낄 수 있기 때문이다. 또한 합창은 여러 사람의 목소리가 화음을 이루며 서로 다른 성부 간의 균형과 조화를 만들어 내는 활동으로써 자연스럽게 협동심, 소속감, 친밀감 등을 느낄 수 있게 한다. 그래서 초등학교 음악교육에서 무엇보다 중요하고 자주 이루어지는 활동이다. 그러므로 교사는 노래 부르기를 통해 학생들이 타고난 '목소리'라는 악기를 좋아하고, 자유롭게 활용·표현하며, 나아가 자신의 삶 속에서 향유하도록 안내해야 한다.

가 노래 부르기 수업의 지향점

첫째, 자신의 느낌에 대한 풍부한 표현력을 기른다. 초등 노래 활동은 일차적으로 학생들의 원초적 표현 욕구를 충족시켜주는 방향으로 나아가야 한다. 노래를 부르는 것은 인간이 누릴 수 있는 가장 자연스러운 즐거움이며 독특한 표현 작용이다. 따라서 모든 사람에게 주어진 악기인 목소리를 활용하여 느낌을 표현해보도록 하는 것은 곧 자신의 느낌을 잘 알아차리고 풍부하게 표현할 수 있는 사람으로 성장하도록 돕는 일이 될 것이다.

둘째, 가사 이해를 통해 음악적 감수성과 문학적 정서를 기른다. 노래 부르기는 언어와 음악이 통합적으로 이루어지는 활동으로써, 느낌과 사고를 선율에 실어 누군가에게 말을 건네는 것이라 할 수 있다. 따라서 가사의 뜻을 음미하는 것, 가사와 선율의 관계를 이해하는 것이 매우 중요하며, 이를 통해 음악적 감수성이 풍부해질 수 있다.

셋째, 함께 부르기를 통해 협동심과 사회성을 기른다. '제창하기'는 온전히 자신에게 집중하는 활동이고, '주고 받으며 부르기'는 타인을 인지할 준비를 하는 과정이고, 돌림노래, 겹침노래, 성부 나눠 부르기 등 다양한 형태의 '합창하기'는 자신과 타인을 동시에 인지하는 활동이라고 할 수 있다. 자신에게 집중하기 위해서는 제창하기가 필요하지만, 이를 넘어서 독특한 개별성을 지닌 학생들이 서로의 소리에 귀를 기울이며 어우러지는 합창도 노래부르기 활동에서는 필요하다. 나아가 학생들이 자신의 노래 역량을 키워 보다 정제된 음악 표현을 경험하게 하는 것이 필요하다.

넷째, 여러 나라 노래를 통해 다양한 문화를 이해한다. 모든 민족은 오랫동안 전해 내려 오는 민요를 가지고 있으며, 민요에는 각 민족의 정서와 애환, 자연환경이나 사회적 배경, 여러 가지 놀이 등이 담겨있다. 따라서 다른 나라의 노래를 배우는 것은 다양한 문화를 이해할 수 있는 중요한 과정을 제공해 줄 것이다.

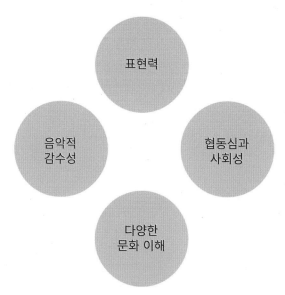

|그림 Ⅰ-1| 노래 부르기 수업의 지향점

나 노래 부르기 활동의 과제

첫째, 학생 스스로 목소리를 조절하여 자연스럽고 아름다운 발성 방법을 찾아가도록 한다. 학생들은 각자 자신의 고유한 소리를 갖고 있다. 무엇보다 학생들이 가지고 있는 고유의 소리를 내게 하는 것이 중요하며, 억지로 소리를 만들기보다 밝고, 윤기 있고, 자연스러우면서도 노래하는 목소리(singing voice)를 찾도록 해야 할 것이다. 그러나 발성법을 찾아가는 것은 한 번의 수업으로 단시간에 해결되는 것이 아니다. 따라서 다양한 활동을 통해 학생들이 흥미를 잃지 않고 꾸준히 발성과 자세 연습을 통해 자신의 노래하는 목소리를 체득할 수 있도록 해야 한다.

둘째, 노래 부르기를 통해 음악에 담긴 의미를 이해하고 표현하도록 한다. 특히 노래는 언어를 음악에 담아 표현한 것으로, 가사의 뜻을 제대로 이해하는 것이 필요하다. 가사의 의미를 알게 하는 데는 학생의 눈높이를 고려하는 것이 효과적이다. 언어뿐 아니라 사진, 동영상, 소리, 몸짓, 비유 등 다양한 방법을 통해 가사의 느낌을 체감하고 상상력을 발휘하게 할 수 있다. 가사의 뜻을 이해한 후에 비로소 음악을 효과적으로 전달하기 위한 음악적 표현 방법, 예를 들어 셈여림, 레가토, 스타카토 등의 역할을 발견하고 이를 표현할 수 있을 것이다.

셋째, 노래 부르기를 통해 음악적 개념과 지식을 생생하게 이해하도록 한다. 일반 학교 음악 교육과정에서 노래 부르기 활동의 지향점은 전문가 양성이 아니라 노래를 통해 표현력을 기르는 한편, 음악 표현을 도와주는 음악적 개념과 지식을 습득하게 하는 것이다. 음악적 개념과 지식은 결국 실음을 통해 살아 숨 쉬게 되는 것으로써, 목소리를 활용하여 그것들을 탐색하는 것은 학생들의 음악적 성장을 위해 중요한 과제라 하겠다.

| 아름다운 목소리 만들기 | 가사의 의미를 이해하고 표현하기 | 음악적 개념 이해하고 표현하기 |

|그림 Ⅰ-2| 노래 부르기 활동의 과제

노래 부르기 수업, **어떻게** 해야 할까요?

가 노래 부르기 수업의 흐름

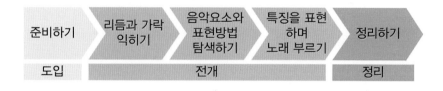

|그림 Ⅰ-3| 노래 부르기 수업의 흐름

　도입 부분은 본격적인 노래 부르기 전 준비 단계로써, 먼저 스트레칭으로 몸을 유연하게 만들어 준 후, 노래하기에 적합한 자세와 호흡을 갖춘다. 이후, 발성 연습을 통해 목소리를 부드럽게 만든다. 다음으로는 제재곡과 관련된 사진과 영상 또는 음원으로 노래 부를 곡에 대한 흥미 유발과 친숙함을 가질 수 있도록 안내한다. 이때, 가사를 살펴보며 그 의미를 되새겨 보는 활동도 잊지 말아야 한다.

　전개 부분에서는 리듬과 음정을 익히는데, 이때 주요 리듬과 가락을 먼저 익히고 전체적으로 연습한다. 그리고 연습 과정에서 학생들이 어려워하는 부분은 반복적으로 연습한다. 합창곡일 경우, 중심 선율이 아닌 성부를 익힐 때 2마디 또는 4마디 정도로 짧게 끊어서 연습한다. 선율을 어느 정도 익히게 되면, 반주와 함께 노래하도록 지도한다. 또한 노래를 부르며 음악 요소와 개념, 음악 기호 등을 지도하면 노래를 더욱 아름답고 표현력 있게 부를 수 있게 된다.

　마지막으로 정리 부분에서는 배운 내용을 상기하면서 노래를 발표하고, 발표 내용에 대해 교사가 피드백을 준다. 또한 학생들과 함께 노래 부르면서 재미있었던 점, 잘한 점, 어려워서 아쉬웠던 점 등을 서로 이야기할 수 있다.

나 노래 부르기 지도 전략

1) 노래 부르기에 대한 흥미 유발하기

노래 부르기 수업에서 가장 중요한 요소는 학생들이 노래하고 싶게 만드는 것이다. 초등 음악 수업에서는 노래를 잘하는 학생도 있으나 그렇지 않은 학생이 더 많다. 이러한 학생들에게 노래 부르기가 어렵거나 힘든 활동이 되지 않도록 수업을 구성하는 것이 중요하다. 누구나 즐길 수 있는 수업을 위하여 다음과 같은 활동을 할 수 있다.

첫째, 노래와 관련된 동영상이나 사진 등 시청각 자료를 활용하여 학생들과 제재곡과 관련된 내용을 서로 이야기하고 질문하면서 낯선 노래에 대해 흥미와 탐구적 호기심을 갖도록 한다.

시각 자료	질문/토론 내용
	- 사진에서 무엇이 보이나요? - 본인이 생각하는 가을 풍경에는 무엇이 있을까요? - 친척 방문이나 여행 시 경험했던 가을 시골 풍경은 어떠했나요?

|표 Ⅰ-1| '가을 들판'의 시각자료 활용 예시

둘째, 노래를 부르기 전에 음악적 심상을 형성하는 것이 필요하다. 처음 노래를 접하는 단계에서 교사가 직접 제재곡을 불러 주거나 학급 학생이 시범을 보여 주는 방법을 사용하면 학생들의 집중력을 훨씬 더 높이고 동기유발이 된다. 그렇게 할 수 없는 경우, 음원을 듣고 학생들이 따라 부르는 방법도 가능하다.

셋째, 다양한 활동을 통해 학생들이 노래에 노출되도록 한다. 노래 부르기 활동 전, 리코더와 같은 가락 악기로 먼저 연주하며 곡의 멜로디를 익히거나, 노래를 들으며 일정박 치기, 리듬 치기 등의 활동을 통해 노래를 많이 들음으로써 가락에 익숙해지도록 한다.

2) 바른 자세 만들기

악기를 연주할 때 악기 연주법과 자세가 중요하듯이 좋은 목소리를 만들기 위해서 노래 부르는 자세는 매우 중요하다. 이를 위해서 먼저 목, 어깨를 돌려주는 간단한 체조나 스트레칭을 하면 몸의 긴장감을 해소할 수 있다. 또한 목이나 어깨뿐 아니라 안면 근육도 스트레칭을 하면 발음과 발성에 도움을 준다.

|그림 Ⅰ-4| 목, 팔, 안면 근육 스트레칭 예시

다음으로 노래를 부를 때, 어깨와 목에 긴장감이 생기지 않도록 주의한다. 서서 노래할 때 가장 이상적인 자세는 정수리 쪽 머리를 위로 잡아당겼을 때 몸이 길게 늘어나는 느낌의 자세이다. 그리고 귀와 어깨의 위치를 나란히 하고 시선은 정면보다 약간 위를 바라보는 것이 좋다. 수업 시간에는 앉아서 노래 부르는 경우가 많은데, 악보는 세워서 들고 허리는 바로 세운다. 이때 짝 활동을 통해 서로의 자세를 관찰하고 피드백하는 것도 좋은 방법이다.

3) 바르게 호흡하기

노래 부르기에서 호흡은 아름다운 목소리로 다양한 표현을 가능하게 한다는 점에서 매우 중요한 부분이다. 공기의 흐름과 압력에 따라 목소리는 변하기 때문에 안정적인 호흡은 풍부한 목소리를 만들어 낸다. 노래 부르기에 필요한 호흡을 위해서는 공기를 많이 확보하고, 확보한 공기를 효율적으로 사용하는 방법을 익혀야 한다. 이를 위해서 복식 호흡을 하는데, 배에 살짝 힘을 주어 들이마시며, 들숨 시 가슴과 배가 팽창할 수 있도록 하고, 날숨 시 가슴과 배가 들어가도록 호흡한다. 이때 너무 과도한 호흡은 몸에 긴장을 주기 때문에 꽃 냄새를 맡는 정도로 자연스럽게 코로 숨을 들이마시고 입으로 내뱉는 훈련을 반복적으로 한다. 특히 어깨에 힘을 주어 어깨가 올라가지 않도록 주의한다. 올바른 호흡 후, 목 주위 근육은 힘을 빼고 풍선 불 듯 공기를 내보내면서 자연스럽게 소리를 실어 노래 부른다.

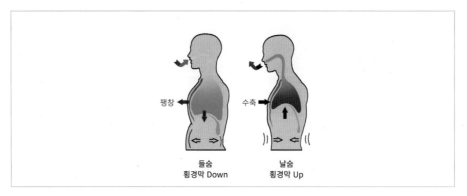

|그림 Ⅰ-5| 호흡법

4) 아름다운 목소리로 노래하기

사람의 목소리는 각자 자신만의 특별한 목소리 톤을 가지고 있다. 대체로 보면 원래 목소리가 낮은 사람은 높은 소리를 내기 어려우며, 반대로 목소리가 높은 사람은 낮은 소리를 내기 어렵다. 이러한 이유에서 자신의 목소리가 어떤 음역을 가졌는지 알고 자신에게 맞는 음역에서 노래를 부르는 것이 중요하다. 물론 연습을 통하여 자신의 음역을 확장시킬 수는 있으나 자신의 음역에 맞지 않는 소리를 억지로 내어 목에 무리가 가지 않도록 주의해야 한다.

초등학생들의 음역은 일반적으로 낮은 '라'(A3) ~ 높은 '미'(E5) 정도로써 보통

의 노래 활동에서는 무리하게 A3 이하로 노래하거나 E5 이상 노래하지 않도록
한다.

본격적인 노래 부르기에 앞서 발성 연습이 필요한데, 발성 연습은 노래하기
전 준비 단계이므로 큰 소리를 내지 않도록 한다. 노래할 때는 하품하듯이 입을
크게 벌리고 배에 힘을 주어 호흡을 충분히 한 후, 성대에서 나오는 소리가 구강,
비강, 나아가 머리 위 공간까지 울리게 한다. 울림(공명)이 많을수록 풍부한 느낌
의 소리를 얻을 수 있다. 하지만 이때 목에 힘을 주지 않도록 주의한다. 즉, 자연
스러우면서도 풍부한 울림을 얻도록 하는 것이 지도 포인트이다.

▶▶▶ 발성 연습

① 허밍 또는 립트릴로 소리를 내기 전 성대와 근육을 이완시킨다. 립트릴을 할 경우, 소리를
내면서 하거나, 소리 내지 않고 공기만 내보내는 립트릴을 할 수 있다.

- **립트릴:** 입을 가볍게 닫고 입으로 공기를 내보낸다. 이때, 호흡이 연결되지 않거나 입술
에 힘을 주게 되면 립트릴이 멈추게 된다.

② 처음에는 모음으로 발성하며, 짧은 음계로 시작하여 이후 음역대를 넓혀 나간다.

③ 여러 가지 모음으로 발성 연습을 할 수 있으며, '마메미모무' 같이 자음을 넣어 노래하거나
'안녕하세요' '오늘 날씨 아주 좋아요' 등 여러 가지 짧은 가사를 넣어 노래 부를 수 있다.

5) 음악 요소와 개념 이해하기

음악의 기본 요소는 리듬, 가락, 화음, 형식, 셈여림, 빠르기, 음색 등이며 이들의 분석을 바탕으로 노래를 불러야 한다. 이와 더불어 작곡가 악보에 제시한 음악 용어와 음악 기호를 이해하고 노래 부르면 그 의도에 알맞은 음악표현이 가능하다.

일반적으로는, 악보에 제시되어있는 악상 기호와 음악 요소의 개념을 살펴보게 되는데, 교사가 악보와 다른 방식의 음악으로 가르치고 싶다면 그 이유를 설명하고 음악 기호를 다르게 재구성하여 부를 수 있다. 예를 들어 악보에는 *f*로 제시되어 있으나 *p*로 표현할 수도 있고, '점점크게'(*crescendo*)로 표시되어 있는 부분을 '점점작게'(*diminuendo*)로 부를 수 있다. 또한, 빠르기도 다르게 하여 불러보면서 가장 잘 어울리는 빠르기를 찾아볼 수 있다. 이러한 방법을 교사가 제시할 수도 있으나 학생에게 의견을 묻고 학생들이 스스로 셈여림이나 빠르기를 재구성하여 노래해 볼 수 있다. 또한 악상 기호가 표시되어 있지 않은 제재곡은 위와 같은 방법으로 학생들이 스스로 구성하여 노래 부를 수 있다.

6) 아름답게 표현하며 노래 부르기

노래 부르기는 기악과는 다르게 가사가 있어서 가사의 내용을 바탕으로 음악을 표현할 수 있다. 따라서 노래 부르기 전 가사 이해가 꼭 필요한데, 교사는 학생들이 가사의 전체적인 분위기를 파악하는 데 그치지 않고 화자가 누구인지, 누구와 함께 있는지, 계절과 시간은 언제인지, 날씨가 어떤지, 화자의 행동에 대한 이유와 기분이 어떤지 등 구체적으로 질문하여 가사를 충분히 이해하는 것을 목표로 한다. 또한, 가사에 등장하는 모르는 단어가 있으면 사전적 뜻을 찾아 의미를 파악하도록 한다. 가사의 내용을 살펴볼 때, 쉼표, 마침표, 물음표, 느낌표, 따옴표 등 문장 부호도 함께 찾아서 각 문장 부호의 느낌을 잘 살려 노래 부르는 것이 필요하다. 다음은 질문을 활용한 가사 이해 방법이다.

'과수원 길' 가사	질문 예시
동구 밖 과수원 길 아카시아 꽃이 활짝 폈네 하얀 꽃 이파리 눈송이처럼 날리네 향긋한 꽃 냄새가 실바람 타고 솔솔 둘이서 말이 없네 얼굴 마주 보며 쌩긋 아카시아 꽃 하얗게 핀 먼 옛날의 과수원 길	- 동구 밖은 어디인가요? - 배경이 되는 계절은 언제일까요? - 아카시아 꽃이 피는 나무는 키가 큰 나무일까요, 작은 나무일까요? - 아카시아 잎은 어떻게 생겼나요? - 화자의 나이는 얼마나 될까요? 나이를 추측하게 된 가사는 무엇인가요? - 과수원 길에 대한 추억 속의 화자 나이는 몇 살일까요?

|표 Ⅰ-2| '과수원 길'의 가사와 질문예시

가사의 내용을 파악한 후, 가사가 음악에서 어떻게 드러나고 있는지 찾아볼 수 있다. 특히, 가사에 따른 선율이나 리듬의 특징, 노래 전체와 가사의 흐름 등을 살펴볼 수 있다. 그 예로 '종달새의 하루'에서 '오르락, 내리락, 하루 해가 집니다' 등의 가사에서 선율의 움직임이 가사를 그대로 따라 하고 있다. '오르락', '내리락'을 노래 부를 때 그 모습을 상상하며 표현하고, '하루 해가 집니다'를 부를 때는 해가 지는 모습을 표현하면서 노래 부를 수 있다.

빠른 곡일 경우, 리듬을 잘 살리고 발음을 정확히 하여 부르고 느린 곡일 경우, 모음을 잘 연결하여 레가토(Legato)로 노래 부른다. 받침이 되는 자음은 최대한 늦게 붙여 발음함으로써 모음 연결에 방해가 되지 않도록 노래한다.

7) 합창하기

합창은 여럿이 함께 노래하며 화음을 경험하고 음악의 아름다움을 느낄 수 있는 활동이다. 합창에서 유의해야 할 점은 본인이 노래 부를 때 다른 성부의 소리를 들을 수 있어야 한다. 그러므로 다른 사람의 목소리가 들리지 않을 정로도 너무 큰소리로 노래하여 화음과 소리의 어울림에 방해가 되지 않도록 해야 한다. 또한 지휘자의 지시에 따라 전체 흐름에 맞는 빠르기로 노래하며 숨 쉬는 부분도 서로 약속한 곳에서 쉬어야 한다.

본격적인 합창 수업에 앞서 화음을 느끼는 활동으로 Ⅰ, Ⅳ, Ⅴ의 3화음(근음, 3음, 5음)을 모둠별로 나누어 불러 볼 수 있다.

3화음 부르기

초등학교 수업에서는 시간차를 두고 같은 멜로디를 부르는 돌림노래, 여러 가지 선율을 섞어 부르는 겹침노래 등으로 성부의 어울림을 쉽게 경험하게 할 수 있다.

동네 한 바퀴

|악보 Ⅰ-1| 돌림노래 '동네 한 바퀴'

겹침노래 선정 시 조성과 박자 및 길이를 고려하고, 가락과 리듬이 서로 어우러져 다성부를 체험할 수 있도록 지도한다.

|악보 Ⅰ-2| 겹침노래 '파란 마음 하얀 마음 + 동무들아 오너라'

|악보 Ⅰ - 3| 겹침노래 '아리랑 + 도라지'

　　합창 연습을 할 때 대개 윗 성부의 선율은 쉽게 익힐 수 있으나, 화음을 담당하는 아랫 성부의 선율을 익히는 것은 훨씬 많은 시간이 필요하다. 처음에는 화음 성부를 악기로 연주해 보거나 악기 소리에 맞춰서 선율을 익힐 수 있도록 하며, 이후 노래로 아랫 성부를 연습할 때, 베이스 음이나 반주를 들으면서 아랫 성부를 연습하면 화음감을 높일 수 있다. 주로 아랫 성부를 연습할 때는 피아노와 같은 가락 악기로 연주하는 단선율을 듣고 따라 노래하는데, 이후 윗 성부와 함께 노래하면 이전에 연습했던 멜로디를 찾아 부르지 못하고 헤매는 경우가 많다. 즉, 반주와 함께 화음 안에서 반주를 들으며 연습하는 것이 훨씬 효과적이다.

학생들이 화음으로 노래 부르기를 어려워할 경우, 2마디 또는 4마디씩 작은 단위로 끊어서 반복적으로 연습하며, 수업 시간에 다 소화하지 못하는 분량이면 합창곡 전체를 다 연습하려고 하지 말고, 8마디 이내로 수업 시간에 충실히 연습하여 화음의 아름다움을 느끼는 데 학습의 초점을 맞춰 수업해도 좋다.

8) 학습 활동을 촉진하는 피드백 주기

많은 사람들은 노래를 좋아하며 직접 노래를 부르는 것도 좋아한다. 하지만 사람들 앞에서 노래하기는 부담스러우며 두려움이 있다. 그 이유는 다른 사람에게 평가받는 것이 싫고 두렵기 때문이다. 초등학교 음악 수업에서는 이러한 두려움을 갖지 않고 노래할 수 있도록 지도해야 한다. 그러기 위해서는 우열을 가리는 평가보다는 학습 활동을 촉진하기 위한 피드백이 이루어져야 한다. 교사는 학생의 노래 부르기에 대한 평가에서 박자와 음정이 틀렸다, 목소리가 아름답지 않다 등 부정적 표현을 지양하는 것이 더 나은 선택이다. 노래 활동에 참여하는 학생에 대한 장점을 찾아 좋은 점을 이야기하고, 학생들 스스로가 잘한 점, 재미있었던 점을 이야기할 수 있도록 유도해야 한다. 좋은 점을 이야기할 때 유의해야 할 점은, 칭찬하는 요소를 세분화하여 음정, 박자, 자세, 표현, 발음, 발성 등 구체적으로 예를 들어 칭찬해 준다.

노래 부르기 활동은 두렵거나 힘든 것이 아닌 즐겁고 재밌는 활동이어야 한다. 따라서 노래 부르기를 통해 자신의 감정을 표현하며 음악의 아름다움을 느끼는 자유를 맛보아야 한다. 이러한 과정을 통해 학생들은 노래 활동과 친해지면서 노래 부르기에 대한 새로운 아이디어를 얻고, 스스로 성장할 기회를 가질 수 있다.

노래 부르기 수업, **이렇게** 해보세요!

가 여러 가지 모음으로 발성 연습하기

제재곡	옥수수 하모니카
학습 목표	여러 가지 모음으로 노래 부를 수 있다.
음악 요소 및 개념	음의 높고 낮음, 차례가기와 뛰어가기
지도 전략	바른 자세 만들기 바르게 호흡하기 아름다운 목소리로 노래하기

♫ 도입

● 스트레칭 하기

▶ 몸의 긴장감을 해소하기 위해 목, 어깨를 돌려주는 간단한 체조나 스트레칭을 한다. 주로 목이나 어깨 등 상체 중심으로 근육을 풀어준다.

> **TIP** 시간은 5분 내외로 하며, 오전 수업 시간일 경우에는 오후 시간보다 조금 더 시간을 할애하여 스트레칭하면 효과적이다. 또한 안면 근육도 움직이며 스트레칭해 주면 입 벌리기와 발음하기에 도움을 준다.

● 바른 자세 만들기

▶ 앉은 자세에서는 의자 등받이에 기대지 않은 채 허리를 세우고 가슴을 펴며 턱을 자연스럽게 내려준다. 또한 악보를 손으로 잡아 세워서 노래하며 시선은 정면을 향한다.

▶ 서서 노래 부를 경우, 정수리 쪽 머리카락을 집어서 들어 올려 몸이 쭉 펴지는 느낌이 들도록 길고 곧게 상체를 세우고 어깨와 귀가 나란히 오도록 선다. 가슴은 펴고 악보를 앞으로 들어 정면을 향하여 노래 부른다.

● 바르게 호흡하기

▶ 배에 힘을 주고 들이마시며, 들이마실 때 배가 부풀어 오르고 내뱉을 때
는 배가 들어가도록 호흡한다.

▶ 자연스러운 호흡 연습을 위하여 꽃 냄새를 맡는 정도로 코로 들이마시고
입으로 내뱉는 훈련을 한다.

> TIP 상체에 힘을 주어 과도한 호흡을 하거나 어깨가 위로 올라가지 않도록 주의한다.

♫ 전개

● 입 모양 만들고 소리내기

▶ 하품하듯이 입을 크게 벌리고 손가락 2~3개가 세워서 들어갈 수 있는지
확인한다.

▶ 바른 입 모양을 만든 후, 너무 높거나 낮지 않은 본인이 편하게 느끼는 음
정으로 소리 낸다.

> TIP 발성 연습 시 큰소리로 소리 내지 않도록 주의한다.

● 낮은 음에서 높은 음으로 소리내기

▶ 처음에는 낮은 음으로 시작하여 점점 더 높은 소리를 낼 수 있도록 한다.
(음역 : C4~D5)

● 여러 가지 방법으로 소리내기

▶ 일반적으로 많이 사용하는 모음 아, 에, 이, 오, 우 중에서 처음에는 한
가지 모음으로 발성 연습하다가 여러 가지 다른 모음을 함께 사용하여
연습한다.

▶ 빠르게 또는 느리게, 레가토 또는 스타카토, 큰소리 또는 작은 소리로 음계를 연습해 본다.

● '아' 모음으로 제재곡 노래 부르기
  ▶ 제재곡을 '아' 모음으로 반주에 맞추어 모둠별로 나눠 부른다.
  ▶ 제재곡의 가사를 읽고 곡의 느낌을 살려 처음부터 끝까지 '아' 모음으로 노래한다.
  ▶ 차례가기와 뛰어가기를 의식하며 '아' 모음으로 노래한다.

● 여러 가지 모음으로 제재곡 노래 부르기
  ▶ '아' 모음 이외에 에, 이, 오, 우 등 여러 가지 모음으로 노래 불러 보고 본인이 가장 노래 부르기 편한 모음이 무엇인지 찾아본다.

♬ 정리

● 자신이 부르기 편한 모음으로 제재곡 노래 부르기
  ▶ 제재곡의 각 소절에 자신이 선택한 모음을 넣어 노래해 보고, 그렇게 부르는 것이 편한 이유를 이야기한다.

옥수수 하모니카

|악보 Ⅰ-4| 옥수수 하모니카

나 리듬, 가락을 익히고 음악 표현 살려 노래 부르기

제재곡	섬마을
학습 목표	음악적 표현을 이해하고 정확한 리듬과 가락으로 노래 부를 수 있다.
음악 요소 및 개념	박, 박자, 다양한 리듬꼴, 셈여림의 변화, 계이름
지도 전략	흥미 유발하기 아름답게 표현하며 노래 부르기 학습 활동을 촉진하는 피드백 주기

♫ 도입

● **시청각 자료 사용하여 제재곡 이해하기**

▸ 여러 가지 배의 사진을 보여주며 각 부분의 명칭을 이해한다.

시각 자료	질문/토론 내용
	- 섬 또는 바닷가에 가본 경험 이야기하기 - 배의 돛과 노에 대해 알아보기

▸ 뱃노래와 관련 있는 음악을 들려주고 제재곡과의 관련성을 이야기한다.

청각 자료	질문/토론 내용
세계 여러 나라의 뱃노래 감상 1) 악동 뮤지션 뱃노래 2) 우리 민요 뱃노래 3) 쇼팽 Barcarolle 4) 오펜바흐 Barcarolle	- 각 나라의 뱃노래 특징과 분위기는 어떤가요? - 제재곡 '섬마을'과 비슷한 분위기의 뱃노래는 무엇인가요?

● **제재곡의 분위기를 파악하고 느낀 점 이야기하기**

▸ 먼저, 반주와 선율을 연주하거나 음원을 들려주고 곡의 느낌에 대해 교사가 질문하고 학생들과 이야기한다.

- 곡이 신나는 느낌인가요, 슬픈 느낌인가요?
- 가사에 나타난 어부들의 기분이 음악에 어떻게 표현되고 있나요?

▶ 이후, 제재곡의 빠르기와 $\frac{6}{8}$ 박자의 특징을 살펴보고 가사의 느낌과 어울리는지 이야기한다.

- '서정적으로'의 빠르기는 어느 정도가 적당할 것 같나요?

♫ 전개

● 리듬 익히기

▶ 주요 리듬을 구음 또는 악기로 익힌다.

▶ 짝과 함께 제재곡을 들으며 한 명은 기본박을, 한 명은 제재곡의 리듬을 친다. 이후 서로 바꿔서 연습한다.

● 가락 익히기

▶ 바장조 계이름을 확인하고 계이름으로 함께 노래한다.

▶ 교사 또는 학급 학생 중 한 명이 시범을 보이고 모든 학생이 따라 부른다.

● 제재곡의 셈여림 찾기

▶ 제재곡의 가사와 음악적 흐름을 고려하여 각 부분에 적절한 셈여림을 표시하고 그 이유를 이야기한다.

|악보 Ⅰ-5| 셈여림이 포함된 '섬마을'

- 다양한 방법으로 음악적 표현하며 노래 부르기
  ▶ 가사의 의미, 곡의 빠르기, 셈여림을 생각하여 그것을 표현하며 노래 부른다.
  ▶ 제재곡을 다양한 빠르기로 노래해 보고, 어느 것이 어울리는지 이야기한다.

♬ 정리

- 학습 활동을 촉진하는 피드백 주기
  ▶ 악보에 나타나 있는 악상을 살려 또는 본인이 재구성한 악상을 설명하고 노래를 발표한다.
  ▶ 발표가 끝나면, 발표한 노래에 대하여 잘한 점과 배우면서 즐거웠던 점을 서로 이야기한다. 잘한 점은 구체적으로 이야기하며 다른 친구들의 장점까지 참고하여 노래를 더 잘하기 위해서는 어떻게 노래하는 것이 좋을지도 함께 이야기한다.

섬마을

|악보 Ⅰ-6| 섬마을

다 음악 요소 이해하고 표현하며 노래 부르기

제재곡	가랑잎 엽서
학습 목표	음악 요소를 이해하고 표현하며 노래 부를 수 있다.
음악 요소 및 개념	박, 박자, 빠르기의 변화, 셈여림의 변화, 바장조 장음계
활용한 전략	음악 요소 이해하기 음악을 아름답게 표현하며 노래 부르기

♫ 도입

● 시청각 자료 활용하기

  ▶ 가을의 숲속 풍경을 나타내는 사진을 보여주고 제재곡의 가사와 비교해 본다.

시각 자료	관련 질문/활동
	- 단풍잎 색깔이 어떤가요? - 가을 단풍잎이 어떻게 생겼는지 그려봅시다. - 풍경에 어울리는 음악을 떠올려 봅시다.

♫ 전개

- **바장조 이해하기**

  ▶ 바장조 음계와 으뜸음을 알아본다.

<바장조 음계>

- **음악 요소 의미 이해하기**

  ▶ 빠르기, 박자, 셈여림을 찾아 이해한다.

  - 빠르기 순서대로 알아보기: *Largo-Andante-Andantino-Moderato-Allegretto-Allegro-Presto*

  - '조금 느리게'를 메트로놈의 빠르기로 들어보기

  - $\frac{4}{4}$ 박자의 기본박과 박자 안에서의 강약을 살펴보기

  - 셈여림 순서대로 알아보기: *pp-p-mp-mf-f-ff*

- **음악 용어 의미 이해하기**

  ▶ '*rit.*-점점 느리게', '*a tempo*-원래 템포로 돌아가기' 의미를 이해한다.

  - 노래 부르며 제시된 음악 용어의 표현 체험하기

● 가사 이해하기

▶ 가사가 나타내고 있는 의미를 교사가 질문하며 서로 이야기한다.

- 가사의 계절은 언제인가요?

- 빨간 엽서, 노랑 엽서는 무엇을 나타내고 있나요?

- 산토끼와 다람쥐는 겨울을 어떻게 견딜까요?

▶ 이해한 가사의 느낌을 노래에 담기 위한 방법 이야기하기

- 빠르기는 어떤 것이 어울릴까요?

- 산토끼와 다람쥐에게 인사하는 부분은 어떤 마음으로 노래 부르면 좋을까요?

♫ 정리

● 셈여림과 가사의 느낌을 살려 노래 부르기

가랑잎 엽서

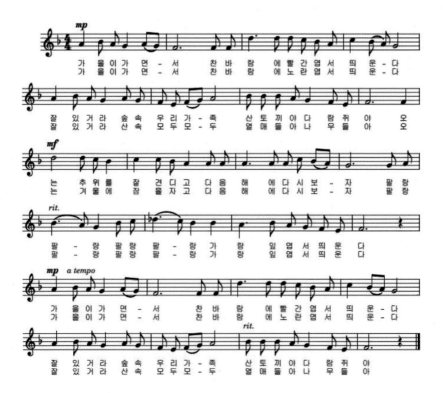

|악보 Ⅰ-7| 가랑잎 엽서

라 주요 3화음으로 화음 반주하기

제재곡	The Lion Sleeps Tonight
학습 목표	주요 3화음을 이해하고 노래로 화음 반주할 수 있다.
음악 요소 및 개념	계이름, 주요 3화음
활용한 전략	음악 요소 이해하기 합창하기

♬ 도입

● **사장조 음계 노래하기**

▶ '아' 등의 모음으로 사장조 음계를 노래한다.

▶ 계이름으로 노래 불러본다.

도 레 미 파 솔 라 시 도
사 가 나 다 라 마 올림바 사

< 사장조 음계 >

♬ 전개

● **사장조의 주요 3화음 파악하기**

▶ '사' 음을 으뜸음으로 하는 음계를 살펴본다.

I   IV   V

< 사장조 주요 3화음 >

● **주요 3화음 들어보기**

▶ 가락 악기를 사용하여 주요 3화음을 연주하며 화음을 느껴본다.

● 주요 3화음 노래하기

▶ 모둠을 나누어 한 모둠은 가락 악기로 근음을 연주하고 다른 모둠은 5음 또는 3음, 5음을 노래한다. 이후 역할을 바꾸어 연주하고 노래한다.

▶ 모둠을 나누어 3화음을 반주 없이 부른다.

● 제재곡 들으면서 노래로 화음 반주하기

▶ 화음을 생각하며 제재곡을 들어본다.

▶ I-IV-I-V-I의 형태로 화음창을 허밍 또는 모음('아' 등)으로 노래한다.

▶ 화음창의 성부에 적절한 모음 또는 가사를 얹어 노래한다.

▶ 제재곡을 들으며 노래로 화음 반주한다.

🎵 정리

● 교사가 선율을 연주 또는 노래하고 학생들은 노래로 화음 반주해보기

|악보 I - 8| The Lion Sleeps Tonight

마　합창으로 노래하기

제재곡	나무의 노래
학습 목표	소리의 어울림을 느끼며 합창으로 노래 부를 수 있다.
음악 요소 및 개념	다양한 소리의 어울림, 주요 3화음, 여러 가지 리듬꼴
활용한 전략	아름다운 목소리로 노래 부르기 아름답게 표현하며 노래 부르기 합창하기

♫ 도입

● 립트릴로 발성 연습하기

▶ 교사가 손으로 가락선을 그리며 낮은 음정에서부터 높은 음정까지 립트릴을 한다.

▶ 립트릴이 힘든 학생은 뱃고동 소리내기로 호흡을 실어 소리 내는 연습을 할 수 있다.

▶ 손가락을 다양하게 움직이며 높은 음, 낮은 음을 연결하며 노래 부를 수 있도록 한다.

> **TIP** 정확한 음정으로 노래하기보다는 높은 음과 낮은 음의 구별을 명확히 하는 데 중점을 두고 연습한다.

● 돌림노래를 부르면서 화음 느껴보기

시계

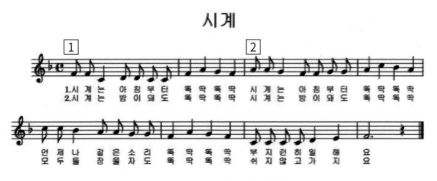

|악보 Ⅰ-9| 돌림노래 '시계'

♬ 전개

- **윗 성부(멜로디) 리듬, 가락 익히기**
  - ▶ 반복되는 리듬꼴을 충분히 연습한 후, 리듬말로 제재곡 전체를 읽어보면서 노래의 리듬을 익힌다. 리듬이 어렵거나 멜로디가 어려운 부분은 놀이의 방식으로 주고 받으며 반복하여 연습한다.

- **아랫 성부(화음 부분) 리듬, 가락 익히기**
  - ▶ 아랫 성부를 노래로 부르기 어려울 때는, 리코더로 먼저 연주하면서 음정을 익힌다.
  - ▶ 단선율만 듣고 아랫 성부를 노래하는 것이 아니라, 반주(원 반주 또는 코드 반주)를 들으며 해당 선율을 익히게 한다.

|악보 Ⅰ-10| '나무의 노래' 아랫 성부와 반주

▸ 윗 성부는 리코더, 멜로디언, 실로폰 등의 가락 악기로, 아랫 성부는 목
소리로 연습하고, 어느 정도 익숙해지면 역할을 바꾼다.

● **합창 연습하기**
  ▸ 합창 부분을 2마디씩 짧게 나누어 연습하고 이후 4마디, 6마디 등 길게
  연결하여 연습한다.
  ▸ 제재곡에서 합창 부분이 많을 경우, 모든 부분을 수업 시간에 하려고 하
  지 말고 8마디 이내만 연습하여 화음의 어울림을 느끼는 데 중점을 둔다.

♫ 정리

● **합창으로 노래하기**
  ▸ 윗 성부나 아랫 성부 중 한 파트는 노래, 한 파트는 악기로 제재곡 전체
  를 노래한다.
  ▸ 제창 부분은 다같이 노래하고, 마지막 8마디 정도만 2성부로 나누어 노
  래한다.

나무의 노래

|악보 Ⅰ-11| 나무의 노래

Ⅱ

쉽고 재미있는
악기 연주하기 수업

Q1: 악기를 어떻게 쉽고
재미있게 가르칠 수 있을
까요?

Q2: 교실 수업에 쓸 수 있는
다양한 악기 및 연주법에
대하여 알고 싶어요.

Q3: 학교에서 교실 악기를
어떻게 구입하고 관리하는
것이 좋을까요?

Q4: 악기에 따라 학생들의
흥미와 연주 능력이 다른데
어떻게 수업에서 소화해
나갈 수 있을까요?

Q5: 장난처럼 또는 무턱대고
시끄럽게 연주하는 경우
어떻게 지도해야 하나요?

Q1 악기와의 첫 만남에 있어 호기심을 자극할 수 있도록 다양한 악기 탐색의 기회를 주고 가장 좋은 소리를 스스로 찾게 한다. 쉽고 재미있게 배우기 위하여 학생들이 좋아하는 놀이로 접근하여 악기를 배운다. 말리듬, 신체악기 등을 통해 악기의 리듬과 가락을 익히고, 악기를 만지고 배우는 과정은 악기 연주를 정교하게 잘 연주할 수 있도록 이끈다. 단순한 리듬 반복인 오스티나토를 활용하여 합주를 하는 것은 초등학생들에게 많은 기술을 요하지 않으면서도 제법 근사한 음악을 경험하게 하는 방법이라 할 수 있다.

Q2 교사는 악기 연주에 대한 부담감을 내려놓고 뛰어난 연주 기술을 갖춘 연주인이 아닌, 악기를 활용하여 다양한 음악 활동을 할 수 있도록 안내하는 음악교육자로 성장하는 것이 좋다. 음악교과교육연구회 및 교사 학습공동체, 음악교육 교수법 세미나, 악기 배우기 등 관심을 갖고 참여하는 것도 한 가지 방법이다. 이러한 새로운 배움은 즐거운 음악 수업에 활력을 불어 넣어 줄 것이다. 요즘 유튜브 등에 다양한 자료가 올라와 있으니 그것들을 검색하여 자기 연수를 실시할 수도 있다. 사실, 학생과 교사가 자유롭게 연주법을 탐구하면서 다룰 수 있는 악기가 교실 악기이다. 악기에 손상을 가져오지 않는 선에서 창의적인 음향과 연주법을 적극 찾아보고 그중 효율적인 것을 활용할 수 있다. 즉, 정해진 연주법의 습득보다 원하는 소리의 구현이 더 중요하다.

Q3 교실에서 사용하는 악기를 살펴보면 큰북, 작은북, 트라이앵글, 탬버린, 캐스터네츠, 장구, 북, 징 등을 흔히 볼 수 있다. 많이 사용하는 악기지만 좋은 음질의 악기를 찾아보기 어렵다. 이제 좋은 음질의 악기를 교육용 악기로 조금씩 바꾸는 노력이 필요하다. 학교는 예산을 세워 전문 연주인들이 사용해도 좋을 만큼 좋은 음질의 악기로 구입하길 권한다. 학생 인원수만큼 악기를 사는 것도 좋겠지만 현실적으로 많은 어려움이 있기 때문에, 좋은 소리가 나는 악기를 소량으로 먼저 구입하고 상대적으로 저렴한 흔드는 악기들(핸드벨, 에그쉐이커 등)은 활동 인원에 맞춰 세트로 장만한다. 특히 악기의 음색, 음량, 쓰임새 등을 고려하여 악기 수를 조절하여야 한다. 예컨대 금속 악기(트라이앵글, 아고고벨, 카우벨 등), 소음성 악기(귀로, 비브라슬랩 등)는 개수가 적어도 무방하다.

악기 관리에 있어서는 무엇보다 넉넉한 공간이 필수적이다. 보관함을 적절히 짜서, 넣고 꺼내기가 쉽도록 한다. 습도를 조절하여 곰팡이가 끼지 않도록 하는 것도 중요하다. 악기를 아끼려 하지 말고 되도록 많이 사용하도록 장려하는 것이 더 이익이다. 악기에 스티커를 이용하여 분류명을 적어놓고, 악기 장부를 비치하면 보관 장소를 바로 추적할 수 있으며, 분실이나 파손도 쉽게 파악할 수 있다.

Q4 학생들의 개인차를 줄이기 위해 합주는 간단하고 단순한 리듬 패턴의 형태로 구성하여 연주한다. 즉, 누구나 쉽게 연주가 가능한 간단한 리듬 패턴과 쉽게 두드리고 연주할 수 있는 무선율 타악기, 선율악기를 사용한다. 고학년의 경우 다소 어렵고 연주 실력이 필요한 수준이 있는 곡을 연주할 수 있겠지만 모두가 함께 연주할 수 있는 반주는 간단하고 단순한 리듬 패턴으로 연주한다.

모든 학생들이 참여할 수 있도록 수준별 과제를 준다. 연주를 어려워하는 학생일 경우 복잡한 리듬을 생략하고 긴 음가로 단순화해 연주하도록 한다. 반면에 연주 경험이 많은 학생들은 리듬을 추가하거나 도전할 수 있는 리듬으로 바꿔 적극적 참여를 이끈다. 말리듬, 신체악기 연주 때 가장 리듬을 잘 숙지한 학생에게 해당 악기를 선택하게 하여 연주의 효율성을 높인다. 또는 수줍어하는 학생들에게 비교적 쉽게 연주할 수 있는 리듬악기를 연주하게 하거나 같은 악기를 2~3명이 맡아 함께 리듬을 연주하게 함으로 연주에 대한 부담을 덜어줄 수 있다.

Q5 재미있는 음악 수업을 위해 함께 규칙을 정하는 것이 필요하다. 악기 연주에 있어서 각 개인은 자신이 연주하는 악기를 소중히 다루어야 하고 청각 환경도 서로 존중하며 공유해야 한다. 교사와 학생들은 함께 정한 약속을 통해 효율적으로 연주시간을 사용할 수 있고 기분 좋은 음악 수업을 할 수 있다. 하지만 학생들이 악기 소리를 내는 것에 주저하는 것도 교육적으로 바람직하지 않다. 그러므로 본격적 연주 활동에 앞서 충분히 악기 탐색 활동을 하는 것이 좋다. 즉, 연주로서의 소리내기와 흥미유발, 악기 탐색으로서의 소리내기를 구분할 수 있다.

악기 연주하기 교육, **왜** 해야 할까요?

학교에서 악기 연주 수업은 여럿이 함께 음악의 어울림을 연주하고 표현하는 능력을 기르며 음악의 즐거움, 아름다움을 경험하게 한다. 학생들은 그들이 좋아하는 놀이와 함께 악기를 탐색하고 연주하며, 다양한 음악 활동을 통해 연주 후의 만족감뿐만 아니라 소속감을 느끼고 표현력, 창의력, 사회성 신장 등 전인적인 인간으로 성장할 수 있다.

교사는 다른 음악 활동에 비해 기악 수업을 하는 데 있어서 제한된 환경, 많은 학생 수, 음악지도 전문성 결여, 악기의 부재 등으로 많은 어려움을 겪고 있다. 한편 학생들은 악기 연주 수업에서 틀리는 것에 대한 두려움, 악보를 읽지 못하는 경우 등 여러 가지 이유로 쉽게 포기하는 학생들이 있다. 따라서 교사는 학생들에게 성급하게 악기를 배우도록 강요하지 말고, 놀이를 기반으로 다양한 음악 활동과 함께 단계별로 지도하며 악기와 친숙해질 수 있도록 이끌어야 할 것이다.

가 악기 연주 교육의 지향점

첫째, 학생들에게 책임을 부여한다. 모두가 공평하게 연주에 참여할 수 있도록 서로 배려하며 악기 연주를 할 수 있는 기회를 준다. 함께 연주하는 활동은 자기조절능력뿐만 아니라 자신의 역할을 해내며 소속감과 음악에 기여하는 활동으로 성취감을 느낄 수 있다.

둘째, 상호 협력과 소통이 이루어지도록 한다. 친구들과 함께 어울리며 개인화, 고립화로 점차 단절되어가는 현대사회에서 타인과 함께 어울릴 수 있는 방법을 배우게 되며 마음을 열고 서로 나누며 배울 수 있다. 이를 위해서 서로 존중, 격려, 인정하는 환경을 조성해야 한다.

셋째, 창의적인 표현력을 기른다. 노래 부르기, 신체 움직임과 함께 다양한 악기로 학생들이 원하는 음악적 표현을 악기를 통해 스스로 탐구하게 한다. 특히, 즉흥연주 활동을 장려한다.

나　악기 연주하기 교육 과제

첫째, 놀이를 기반으로 다양한 음악 활동을 경험하게 한다.

둘째, 노래 부르기, 춤을 포함한 신체 활동, 악기 연주하기 등 다양한 음악 활동을 통합적으로 지도한다.

셋째, 다양한 악기들을 사용한다. 학생들이 쉽게 연주할 수 있는 다양한 타악기들을 학교와 학급의 맥락과 특성에 따라 활용하여 지도한다. 예를 들어 초등학교 학생들이 쉽게 두드릴 수 있는 타악기들을 다양하게 활용할 수 있으며, 고학년의 경우 칼림바 등 다양한 선율악기도 이용할 수 있다.

넷째, 모든 학생들이 자신의 능력과 수준에 따라 능동적으로 참여할 수 있도록 한다.

다섯째, 전문적 연주 기능의 향상보다 악기 연주를 통해 성실함, 책임감, 소속감을 느끼며 풍성한 음악적 경험을 하게 한다. 또한 결과보다 이러한 음악적 경험의 과정 자체를 중시한다.

악기 연주하기 수업, 어떻게 해야 할까요?

가 악기 연주하기 수업의 흐름

악기 연주하기 단계는 크게 다음의 4가지 단계로 나누어 볼 수 있다. 일반적으로 다음 4단계에 기초하여 수업을 진행하지만, 상황에 따라 단계를 생략하거나 추가할 수 있다.

1) 연주 준비하기

악기 연주 준비 단계로 악곡을 이해하고 악기를 탐색한다. 연주 준비하기는 악곡 전체에 대한 구조(형식), 작곡자, 곡과 관련된 일화, 곡의 흐름을 안내한다. 악기 탐색하기 활동은 매 수업에서 할 필요는 없지만 처음 만나는 악기일 경우, 놀이를 통해 악기를 탐색하고 악기 음색에 대한 감각을 기른다. 탐색 활동에서 중요한 것은 악기를 소중히 다룰 수 있는 마음을 갖도록 하는 것이다. 이와 함께 악기와 친해질 수 있도록 다양한 활동을 구안하는 것이 필요하다.

2) 리듬·가락 익히기

실제 악기로 연주하기 전에 리듬과 가락을 미리 연습하여 익히는 예비 과정이다. 다인원 학급에서 악기를 바로 학생들에게 준다면 자칫 소란스러워질 수 있다. 말리듬, 신체악기, 악기 연주 동작하기 등 리듬과 가락을 익히는 활동은 전체적인 악곡을 완성하는 데 있어서 어떻게 리듬, 가락이 완성되는지를 경험할 수 있으며 곡에 대한 이해를 높일 수 있는 기회가 될 것이다. 말리듬은 악기 소리와 비슷한 구음 또는 주제와 관련된 말리듬을 만들어 익힌다. 신체악기는 악기 종류, 음의 높고 낮음에 따라 각기 다른 신체 부위를 활용해 '발 구르기, 무릎 치기, 손뼉 치기, 손가락 튕기기' 등으로 연주를 익힌다. 악기를 연주하는 동작은 실제 악기를 가상으로 상상하여 연주 자세를 취해 보면서 악기와 친숙해지는 방법 중의 하나이다.

3) 개별 악기 익히기

말리듬, 신체악기, 악기 연주 동작하기 등을 통해 익힌 리듬과 가락을 악기로 연주하는 단계이다. 교사는 이러한 과정에서 학생들에게 악기를 선택할 수 있는 선택권을 줄 수 있고, 선택한 악기를 연주할 때 나머지 학생들은 신체악기로 악기 연주를 한다. 즉, 친구가 연주하는 악기 소리를 듣고 간접 경험을 할 수 있다. 이는 악기 앙상블을 연주함에 있어서 리듬의 어울림, 가락의 어울림을 이해하는 기반이 된다. 처음엔 말리듬과 함께 연주하다 익숙해지면 말리듬 없이 악기만 연주한다. 이어서 합주를 위해 능숙하게 연주할 수 있도록 개인 연습시간과 악기군별 연습시간을 줄 수 있다. 개별 악기 익히기 다음, 수업의 맥락에 따라 합주하기 또는 즉흥연주하기를 할 수 있다. 또한 합주 후 즉흥연주를 할 수 있고 즉흥연주 후 합주를 할 수 있으며 즉흥연주와 합주를 통합적으로 진행할 수도 있다.

4 - 1) 합주하기

여럿이 함께 앙상블로 연주하는 단계이다. 각기 다른 악기들의 음색이 하나로 모여 만드는 악기의 어울림을 경험하고 그 과정에서 배려와 미적인 음악체험, 만족감을 느낄 수 있을 것이다. 이러한 앙상블 연주 경험은 현대인에게 필요한 공동체성 함양에 도움이 될 것이다.

4 - 2) 즉흥연주하기

즉흥연주하기는 전 단계에서 배운 것을 활용하여 자유롭게 표현하며 음악적 활력과 창작의 기쁨을 누리는 단계이다. 창의적으로 표현하기 단계는 제재곡과 학생들의 수준에 따라 도전 과제로 진행하거나 생략할 수도 있다. 즉흥연주 활동은 학생들에게 음악의 즐거움을 알려주고 창의성을 발현하게 할 수 있다.

즉흥연주는 5음 음계로 지도하는 것이 효과적이다. 5음 음계로 구성하면 반음을 제거하여 함께 연주할 때 단2도의 불협화음이 생기지 않는다. 따라서 보다 편안한 마음으로 자유롭게 연주를 시도할 수 있고 간단한 오스티나토 리듬 연주로 멋진 음악을 창작할 수 있다. 5음 음계 이전에 2음, 3음, 4음으로 이루어진 음계를 사용하여 즉흥연주 할 수 있으며, 이후 6음계 그리고 7음으로 확대할 수 있다.

즉흥연주를 위해 간단한 형식, 조건을 주는 것도 좋은 방법이다. 박자, 8마디, 론도, 질문 응답 형식, 강박에서 끝나기 등 간단한 틀을 제시하면 주어진 구조 안에서 오히려 안정감을 느끼며 다양하게 표현할 수 있다.

🟦 나 악기 연주하기 지도 전략

1) 악기 탐색하기

악기와의 첫 만남에 있어서 악기에 대한 학생들의 호기심을 자극하고 악기 소리를 다양하게 연주해 볼 수 있는 기회를 제공한다. 학생들에게 악기를 전통적인 방법이 아닌 나만의 방법으로 소리를 내도록 지도하여 가장 좋은 소리를 찾아보도록 한다. 자신이 발견한 소리를 친구들에게 들려주고 서로 따라해 보는 활동을 통해 악기에 흥미를 갖고 생김새, 재질, 악기의 음색, 구조 등을 이해할 수 있을 것이다.

2) 말리듬 활용하기

말리듬 활동은 악기를 지도하는 데 있어서 매우 유용한 전략이다. 모국어에 내재된 말의 리듬이나 놀이요, 유행어, 속담, 시 등에 리듬을 붙여 악기 연습할 때 활용할 수 있다. 예를 들어 수업 주제와 관련한 말리듬, 악기 소리와 비슷한 구음, 의미 없는 음절과 가사 등을 활용하여 자연스럽게 악기를 배울 수 있다.

3) 신체악기 활용하기

신체를 이용하여 소리를 낼 수 있는데, 이때 신체는 타악기와 같은 역할을 한다. 예를 들어 신체 아래에서부터 위로 '발 구르기, 무릎 치기, 손뼉 치기, 손가락 튕기기' 4가지로 구분할 수 있다. 발 구르기는 저음부인 큰타악기, 무릎 치기는 가죽악기, 손뼉 치기는 나무악기와 흔드는 악기, 손가락 튕기기는 가장 고음인 금속악기로 연계하여 지도할 수 있다.

● 신체악기로 오르프 선율악기 지도하기

오르프 선율악기를 지도할 때 신체악기를 다음과 같이 악기로 연주할 수 있다. 학생들은 교사의 신체악기 리듬을 따라 악기로 리듬을 배운다. 그리고 교사는 악기를 실제 연주하는 것처럼 음판 대신 무릎 치기로 지도할 수 있다. 교사가 손으로 무릎을 치며 어떻게 연주하는지 손의 방향과 음판 연주법을 보여주고 학생들에게 익히게 한다. 이때, 교사는 학생들이 선율악기를 바라보는 방향을 생각하고 보고 따라할 수 있도록 반대 방향으로 지도를 한다.

신체악기		무선율 타악기	오르프 선율악기
	손가락 튕기기	금속악기	소프라노 종금, 알토 종금
	손뼉 치기	나무악기 흔드는 악기	소프라노 목금, 소프라노 철금
	무릎 치기	가죽악기	알토 목금, 알토 철금
	발 구르기	큰타악기	베이스 목금, 베이스 철금

● 신체악기로 무선율 타악기 리듬 지도하기

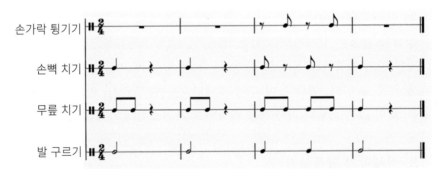

'손가락 튕기기' 리듬은 금속악기(트라이앵글, 아고고벨, 카우벨, 핑거심벌 등)
'손뼉 치기' 리듬은 나무악기(우드블럭, 리듬막대, 귀로, 마라카스, 카시시 등)
'무릎 치기' 리듬은 가죽악기(핸드드럼, 젬베, 작은북 등)
'발 구르기' 리듬은 큰타악기(큰북, 행잉심벌, 공 등)로 연주한다.

4) 오스티나토 활용하기

오스티나토는 라틴어의 Obstinatus에서 파생된 것으로 '고집스럽다'라는 뜻을 가지고 있다. 즉, 일정한 단위로 반복되는 리듬이나 가락의 패턴이다. 오스티나토는 말하기, 노래, 악기 연주, 신체 움직임 등 모든 영역에서 즉흥 합주의 중심 아이디어로 활용되고 있다. 간단한 리듬 패턴은 악기 앙상블에 있어서 음악적 기능이 우수하지 않아도 음악을 가능하게 하며, 스스로 연주하는 동안에 다른 사람의 연주를 들을 수 있는 여유를 선사한다. 오스티나토는 같은 방식을 반복함으로써, 기억력을 발달시켜주며 자신감을 높이고, 소심함, 부끄러움을 벗어나게 해준다. 또한 같은 구조의 지속적인 반복은 음악적으로 마술적인 느낌을 갖게 하고 멋진 감흥을 준다.

5) 그림 악보 활용하기

그림 악보는 악보를 읽지 못하는 학생들과 일반 학생들이 곡을 쉽고 빠르게 이해하여 연주할 수 있게 한다. 아래의 예에서 보듯이 가사와 함께 선율, 음의 길이, 음정에 따른 붐웨커 색상을 제시하여 연주를 즉각적으로 해볼 수 있게 한다. 붐웨커, 핸드벨 등 음높이에 색깔이 연동되어 있는 악기의 경우, 연주 악보를 도표의 형태로 만들어 제시하면 학생들이 쉽게 그 흐름을 파악할 수 있다. 음판악기에서도 각 음판에 색 스티커를 붙이고 같은 방식으로 그림 악보를 활용할 수 있다.

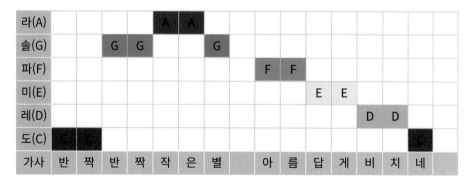

|그림 Ⅱ-1| '작은 별' 그림 악보

6) 질문 응답 형식의 즉흥연주 활용하기

즉흥연주를 지도할 때 학생이 자유롭게 자신의 생각을 표현할 수 있도록 적절한 선율 배치와 몇 가지의 선택적 조건을 부여할 수 있다. 이를 통해 안정적이면서도 다양한 변화를 시도해 볼 수 있게 한다.

● **질문 응답을 활용한 즉흥연주하기**

질문하기-응답하기 형식으로 일정한 마디 안에서 간단한 리듬 패턴을 창작하여 연주할 수 있다. 연주에 앞서서 말리듬으로 질문하기-응답하기 활동을 하며 즉흥연주를 경험한다. 말리듬 대신 악기로 연주할 수도 있다.

주어진 마디 안에서 간단한 리듬 만들기를 한다. '질문하기의 마지막 마디'에서 '리듬이 계속되는 느낌'으로 연주를 한다. 질문의 물음표를 던지듯 '티티타'로 리듬을 연주할 수 있다. '응답하기의 마지막 마디'에서는 '끝나는 느낌의 종지감'을 줄 수 있도록 강박인 첫 박에서 '타' 리듬으로 연주를 마친다.

질문하기의 마지막 마디	계속되는 느낌	'티티타' 리듬으로 연주하기
응답하기의 마지막 마디	끝나는 느낌	'타' 리듬으로 연주하기

※ 질문 응답 형식으로 주어진 마디 동안 연주한다(4마디 동안 질문하고 4마디 동안 응답한다).

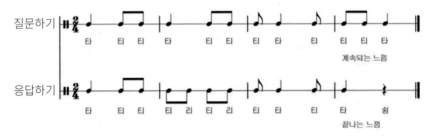

|그림 Ⅱ-2| 질문 응답하기의 리듬 연주 예

7) 놀이 활용하기

악기 연주하기 수업에서 교사는 놀면서 배우는 악기 활동에 대해 고민이 많을 것이다. 우리나라 전래동요, 세계민속음악에는 학생들이 좋아하는 다양한 놀이가 포함되어 있다. 민속음악에는 돌, 막대기, 조개 등 자연물로 일정박을 느끼며 전달하는 놀이, 다양한 리듬 패턴을 만들어 연주하며 노는 놀이, 리듬에 맞춘 손

놀이 등 학생들이 흥미로워할 놀이가 가득하다. 또한 민속음악에는 나라별로 독특한 선율과 민속춤이 있다. 기악 수업에 있어서 민속음악을 연주하며 놀이하는 활동은 다양한 악기를 접하게 할 수 있을 뿐만 아니라 앙상블을 이해하는 기회도 제공한다.

다 악기의 이해

1) 무선율 타악기(Non-pitched percussion)

흔히 소리가 나는 원리나 악기의 재질, 소리의 효과 등에 따라 종류를 나누며 다양한 종류의 세계 여러 나라의 민속 타악기들이 많이 포함되어 있다.

무선율 타악기는 일반적으로 다음과 같이 구분할 수 있다.

금속악기 (Metals)	탬버린	핑거심벌	아고고벨	카우벨	슬레이벨 (징글벨)
나무악기 (Woods)	우드블럭	리듬스틱	귀로	마라카스	카바사	카시시
가죽악기 (Membranes)	작은북	핸드드럼	봉고	콩가	젬베

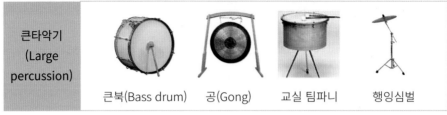

| 큰타악기
(Large
percussion) | 큰북(Bass drum) | 공(Gong) | 교실 팀파니 | 행잉심벌 |

여러 재질이 섞여 있는 악기의 경우 중심적 소리에 따라 구분이 달라질 수 있다. 예컨대 탬버린 가죽면을 사용하면 가죽악기, 징글 소리를 사용하면 금속악기에 해당한다.

※ 악기출처: 서울타악기, 유럽악기

2) 선율악기

선율악기는 음의 높낮이가 있는 악기로 리코더, 붐웨커, 여러 가지 음판악기 등이 있다. 멜로디언은 일반적으로 학교 현장에서 이용되고 있으나 부는 악기로 위생상으로는 관리 문제, 저학년 학생들에게는 긴 호흡으로 연주하기에 어려움 이 있어서 다른 악기로 대체하였다.

● 리코더(Recorder)

리코더는 음역에 따라 고음부터 소프라니노, 소프라노, 알토, 테너, 베이스 등 이 있다. 리코더는 고운 음색의 악기로 연주법이 상대적으로 쉽고 실내 합주에 적절한 음량을 가지고 있어 학교 현장에서 기악 활동에 유용하게 쓰이고 있다. 초등학교에서는 학생들의 손 크기를 고려하여 주로 소프라노, 알토 리코더를 사 용하고 있다.

● 붐웨커(Boomwhacker)

붐웨커는 가볍고 색과 길이가 다른 플라스틱 관이 세트를 이루는 악기로써 반 음계와 온음계의 구성이 가능한다. 마룻바닥 또는 손바닥 등의 물체에 부딪쳐 소리를 낸다. 관 끝에 캡을 끼워 한 옥타브를 내려 연주할 수도 있다.

● 공명실로폰

실로폰을 낱바로 만든 공명실로폰은 일반 실로폰보다 울림이 더 크고 깊다. 붐웨커와 같이 각 음별로 색이 다르고 붐웨커와 동일한 색을 지니고 있다. 8음부 터 27음까지 개인이 전부 연주할 수도 있고 한 명이 한두 음씩 맡아서 합주를 할 수도 있다. 온음계, 반음계로 구성된 공명실로폰은 알루미늄 바(Bar)와 공명통으로 구성되어 있으며 말렛으로 두드려 연주한다. 또한 핸드벨, 터치벨 등의 악기도 기악 활동에 활용할 수 있다.

● 오르프 선율악기

오르프 선율악기는 독일의 칼 오르프가 동료와 함께 1920년에 만들었으며 학생들이 다루기 쉽게 개발하였다. 다른 악기에 비해 음역을 소프라노, 알토, 베이스로 세분화하여 상대적으로 연주하기 쉽게 제작하였으며 착탈식 건반으로 필요한 건반만 셋팅하여 연주할 수 있다. 노래나 반주에 필요한 음만을 설치하여 연주할 수 있기에 학생들이 손쉽게 연주할 수 있다는 장점이 있다. 앙상블을 연주할 수 있도록 음역 스케일이 비교적 넓기 때문에 간단하고 단순한 리듬으로 반주를 해도 상당히 근사한 음악을 연주할 수 있다.

오르프 선율악기는 다양한 음높이로 조절되는 건반들로 이루어져 있으며 소프라노와 알토로 나뉘는 종금, 소프라노-알토-베이스로 목금(실로폰)과 철금, 콘트라베이스 목금이 있다. 오르프 선율악기는 악기의 재질에 따라 3가지로 분류되며 음역에 따라 다시 분류된다. 또한 음역에 따라 악기의 크기도 다르다.

악기 연주하기 수업, **이렇게** 해보세요!

악기 연주하기 수업의 흐름은 '연주 준비하기, 리듬·가락 익히기, 개별 악기 익히기, 합주하기/즉흥연주하기'와 같이 단계별로 제시한다. 제재곡에 따라 단계는 생략이 가능하다. 각 단계는 곡을 배우며 음악 활동을 통해 음악 개념을 성취할 수 있도록 한다. 또한 개별 악기를 익히기에 앞서 말리듬, 신체악기로 쉽고 간단한 리듬 패턴을 익혀 보도록 하였다. 앙상블의 예시로 타악기를 활용하는 수업을 주로 제시하였다.

가 쉽게 배우는 무선율 타악기 앙상블

제 재 곡	• 김밥 앙상블
학습 목표	• 친구들과 함께 악기로 합주할 수 있다.
주요 개념	• 리듬 • 음색
지도 전략	• 악기 탐색하기 • 말리듬 활용하기 • 신체악기 활용하기 • 오스티나토 활용하기
자료	큰타악기(큰북, 행잉심벌 등), 가죽악기(젬베, 핸드드럼, 북 등), 나무악기(우드블럭, 리듬막대, 귀로, 에그쉐이커 등), 금속악기(카우벨, 아고고벨 등)

♫ 연주 준비하기

● 악기 탐색하기

교사의 지휘에 따라 악기 소리 탐색하기

- 악기를 선택해서 원 대형으로 앉는다.
- 교사가 지나가면 학생들이 악기를 연주한다.
  교사는 귀를 기울이는 동작과 함께 여기저기 오가며 학생들의 악기 소리를 듣는다.
- 교사가 음의 높낮이, 셈여림 등에 따라 손을 올리고 내리며 다양한 음악적 지시를 하면 학생들은 악기로 표현한다.
- 교사가 허리를 깊이 굽혀 인사 동작을 취하면 모든 학생들은 반시계 방향으로 한 걸음씩 옮겨 다른 악기를 들고 연주한다.
- 교사의 시범 후 학생이 교사가 되어 지휘하면 친구들이 따라 연주한다.
  지휘의 예) 지휘자가 손동작을 작게 하면 작은 소리로 연주하고 반대로 손동작을 크게 하면 큰소리로 연주한다. 지휘자가 손과 몸을 흔들면 악기를 흔들며 연주한다. 지휘자가 손을 뒤로 숨기면 연주하지 않는다.

● **교사가 연주하는 악기를 학생들이 따라 연주하기**

- '금속악기, 나무악기, 가죽악기' 중에 교사가 선택한 악기 그룹 학생들만 악기로 연주한다. 예를 들어 교사가 트라이앵글을 연주하면 금속악기들이 교사의 리듬을 따라 연주한다. 이 활동은 리듬 모방하기 또는 질문 응답하기, 즉흥연주하기 등 다양한 활동으로 확장할 수 있다.

● 악곡 이해하기

- 김밥 앙상블과 비슷한 음식송(음식 랩) 영상을 본다.
- 김밥과 관련된 이야기를 나눈다(좋아하는 김밥은 무엇인지, 김밥 재료로 무엇을 넣고 싶은지 등 이야기를 나눈다.).
- 곡의 형식을 알아본다.

🎵 리듬 · 가락 익히기

● 말리듬으로 리듬 익히기

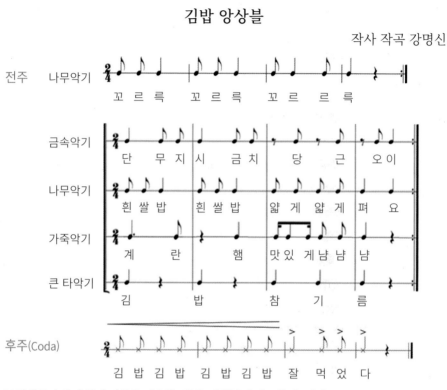

김밥 앙상블

작사 작곡 강명신

※ 학생들 수준에 맞게 리듬을 단순화, 생략, 변형하여 지도할 수 있다.

- 김밥을 주제로 말리듬 익히기(큰타악기부터 금속악기 순서로 말리듬을 익힌다.)
- 전주, 후주 모두 함께 말리듬을 익힌다.
- 악기별로 모둠을 나누어 말리듬 앙상블을 한다.

● 신체악기로 리듬 익히기
- 큰타악기는 발 구르기, 가죽악기는 무릎 치기, 나무악기는 손뼉 치기, 금속악기는 손가락 튕기기로 말리듬과 함께 신체악기를 연주하며 리듬을 익힌다.
- 말리듬과 신체악기로 리듬이 익숙해지면 모둠을 나누어 신체악기 앙상블을 한다.

- 이때 내청(Inner Listening)을 활용하여 마음속으로 말리듬을 하며 신체악기로 연주한다.

♫ 개별 악기 익히기

- 큰타악기, 가죽악기, 나무악기, 금속악기 등을 학생들이 선택하여 교사의 안내에 따라 악기를 연주한다. 먼저 교사가 악기 연주의 시범을 보인다. 이때 일방적 지시보다는 학생의 창의적 접근을 장려하는 것이 좋다. 정교하게 연주할 수 있도록 말리듬, 신체악기를 활용하여 악기를 소개한다.

♫ 합주하기

- 연주 순서를 정하여 악기를 연주한다. 전주는 나무악기가 연주한다. 교사의 지휘에 따라 각 악기들이 점차 추가된 후, 모든 악기들이 연주에 참여한다. 후주는 모든 악기가 담당하거나 별도로 하나의 악기군을 지정할 수 있다.

　　악기 쌓기는 저음부 악기부터 고음부 악기까지 차례대로 연주를 쌓아가며 연주하는 것이다. 즉, 큰타악기 모둠이 먼저 연주하고 다음은 가죽악기, 나무악기가 연주한 후 금속악기가 연주를 한다. 그 반대의 순서로 연주해 보는 것도 가능하다.

			금속악기(8마디 연주)
		나무악기(8마디 연주)	
	가죽악기(8마디 연주)		
큰타악기(8마디 연주)			

|표 II - 1| 악기 쌓기의 연주 순서

더 나아가기 : 생활 악기로 연주하기

● 우리 주변에 있는 생활 도구를 찾아 악기로 연주하기

- 주방 도구(나무 스푼들, 냄비 뚜껑, 바가지, 냄비 받침 등), 달력 스프링, 페트병, 양동이 등을 이용해 악기와 유사한 소리를 찾아 연주한다.

|그림 II -3| 우리 주변에 있는 생활 도구로 악기 만들어 연주하기

큰타악기는 양동이, 가죽악기는 토기화분 북, 나무악기는 냄비 받침을 활용한다 . 금속악기는 쇠로 만들어진 냄비 뚜껑을 이용한다. 온라인 수업 또는 과제로 우리 주변에서 악기군별로 소리를 찾아 함께 연주하는 활동으로 소개할 수도 있다.

수업 TIP 악기를 활용한 놀이 소개하기

1. 신체 움직임에 따른 악기 연주하기

곧은 선 만들기(Straight)　　　곡선 만들기
　　　　　　　　　　　　　　　　(Curved)

- 교사가 몸을 곧은 선으로 쭉 뻗으면 나무악기를 가지고 있는 학생들이 연주하기(나무악기는 끊어지는 소리, 울림이 짧아 빠른 움직임에 따라 연주하기에 적당하다.)
- 곡선을 만들면 금속악기를 가지고 있는 학생들이 연주하기(금속악기는 울림이 길어 느린 느낌을 표현하기에 적당하다.)

2. 악기 조형물 만들기

- 학생들이 선택한 악기를 가지고 한 명씩 나와 그림 그리듯이 더하여 악기 조형물로 만들기
- 다양한 방향에서 둘러보고 어떤 형상인지 이야기 나누기
- 악기 조형물에서 한 가지 악기의 자리를 바꾸어 배치해보고 이야기 나누기

3. 악기 길 만들어 놀이하기

- '무궁화 꽃이 피었습니다' 놀이를 활용한 놀이이다. 먼저 악기 길을 만들고, 술래가 "무궁화 꽃이 피었습니다"를 외치는 동안 학생들이 악기 길을 따라 줄을 지어 연주하며 술래에게 다가간다. 술래가 뒤를 돌아볼 때 악기 소리가 나면 놀이에서 아웃된다. 아웃된 학생은 술래에게 가서 손가락을 걸고 놀이를 계속한다.
- ※ 금속악기는 음의 길이가 길고 나무악기는 음의 길이가 짧아 악기 음색에 따라 골고루 배치를 한다. 금속악기가 울리지 않도록 연주하는 것이 이 놀이의 유의할 점이다.

나 쉽게 배우는 무선율 타악기, 핸드드럼

제 재 곡	• 핸드드럼 연주해!
학습 목표	• 친구와 함께 핸드드럼을 연주하며 간단한 신체 움직임을 할 수 있다. • 친구와 함께 핸드드럼으로 즉흥연주를 할 수 있다.
주요 개념	• 빠르기 • 셈여림 • 음색 • 리듬
지도 전략	• 악기 탐색하기 • 말리듬 활용하기 • 신체악기 활용하기 • 질문 응답 형식의 즉흥연주 활용하기
자료	• 2인 1개 핸드드럼, 리듬막대(교사용)

핸드드럼 연주해!

Chris Judah Lauder

개사 강명신

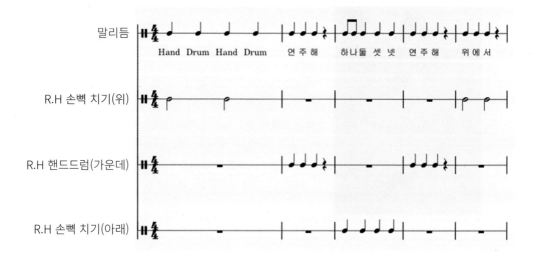

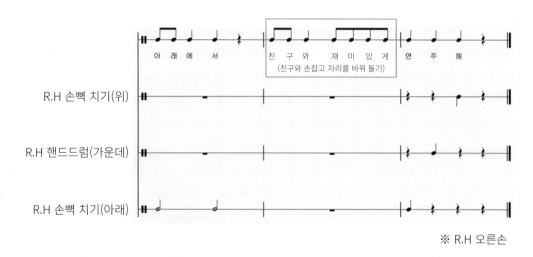

※ R.H 오른손

♫ 연주 준비하기

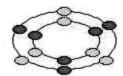

- 원 대형으로 앉기
- 2개의 원을 만들어 안쪽 원과 바깥 원 학생들이 2인
  1조가 되어 마주 보고 서기

● **악기 탐색하기**(소리 전달하기 놀이)
- 핸드드럼으로 다양한 음색을 고려해 연주해 보고, 한 명씩 발견한 소리를
  연주하면 친구들이 따라 연주한다.
- 핸드드럼으로 빠르게 느리게, 셈여림을 살려서 강하게 약하게 소리를 전
  달한다.

♫ 리듬·가락 익히기

● **말리듬 활용하기**
- 말리듬을 익힌다.
● **신체악기 활용하기**(손 놀이)
- 친구와 마주 보고 왼손을 잡는다.
- 마주 잡은 손을 가운데로 정하고 손 위아래를 오른손으로 위치를 바꿔가
  며 손뼉 치기 놀이를 한다.

- 위 악보에 따라 말리듬과 함께 손뼉 치기를 한다.
- "7마디, 친구와 재미있게" 가사에서 제자리에서 돌거나 손을 잡고 자리를 바꿔서 돈다.

♬ 개별 악기 익히기

- 2인 1조 핸드드럼 한 개를 왼손으로 가슴 높이만큼 들어 친구와 함께 연주한다.
- "7마디, 친구와 재미있게" 가사에서 한 조는 핸드드럼을 머리 높이만큼 든다(핸드드럼 다리 만들기). 다른 조는 핸드드럼 다리 아래로 지나간다.

|그림 II - 4| 핸드드럼 다리 지나가기

♬ 즉흥연주하기

● 핸드드럼 질문 응답하기
  - 노래가 끝난 후 짝과 함께 질문자-응답자를 정한다.
  - 교사가 일정박으로 리듬막대 연주를 하면 학생들은 박에 맞춰 질문 응답 리듬을 연주한다.
이때, 질문과 응답이 이루어질 2마디 또는 4마디의 연주 길이를 정한다.
질문자는 질문하는 리듬을 연주하고, 응답자는 응답하는 리듬을 연주한다.

※ 응답하기 학생은 마지막 마디에서 종지감(끝나는 느낌)을 주기 위해 '타 쉼 쉼 쉼' 강박에서 마친다.

나 쉽게 배우는 선율악기, 리코더

제 재 곡	• 비행기
학습 목표	• 비행기를 연주하고 간단하게 합주할 수 있다.
주요 개념	• 리듬 • 가락 • 음색
지도 전략	• 악기 탐색하기 • 놀이 활용하기 • 질문 응답 형식의 즉흥연주 활용하기 • 말리듬 활용하기 • 신체악기 활용하기 • 오스티나토 활용하기
자료	• 리코더, 리듬스틱 또는 젬베

♫ 연주 준비하기

● 악기 탐색하기

▪ 리코더 헤드를 빼서 다양한 소리를 내보기

- '손가락을 헤드 구멍에 넣어 소리내기, 새소리를 내기, 손바닥으로 구멍을 막고 열었다 닫았다 소리내기' 등 한 사람씩 발견한 소리를 연주하면 친구들이 따라한다.

● 리듬 듣고 따라 부르기

- 교사가 리코더 헤드로 리듬을 연주하면 따라 부른다.

♫ 리듬 · 가락 익히기

● BAG(시-라-솔)로 연주하기

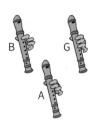

- 모방하기 활동에 앞서 집게손가락으로 B(시)를 잡고 그네 타듯 팔을 휘젓는다.
- 한 음정B(시)으로 다양한 리듬을 연주하면 학생들이 리듬을 따라 연주한다.
- 두 음정B(시), A(라)으로 다양한 리듬을 연주하고 같은 방식으로 따라 한다.
- 세 음정B(시), A(라), G(솔)으로 확대하여 활동한다.

※ 리코더 모방활동 때 교사는 운지를 보고 따라 하지 않고 음을 듣고 따라 할 수 있도록 지도하는 것이 좋다.

● 질문 응답하기

- G장조 음계인 B(시), A(라), G(솔) 음정을 가지고 한 음정, 두 음정, 세 음정 늘려가며 질문 응답 형식으로 연주한다. 응답할 때는 G(솔) 으뜸음으로 끝낸다.

● 신체악기로 연주하기

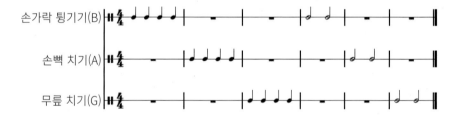

손가락 튕기기(B)

손뼉 치기(A)

무릎 치기(G)

> B(시)는 손가락 튕기기, A(라)는 손뼉 치기, G(솔)은 무릎 치기

- 교사가 신체악기로 리듬을 연주하면 학생들은 리코더로 연주한다. 이때, 음정의 높이에 따라 신체동작 높낮이를 조절한다.
- 교사가 리코더로 BAG 음정을 연주하면 학생들은 신체악기로 연주한다.

비행기

메이슨 작곡

※ 악기를 연주할 때는 고정도법으로 계이름을 읽는 것이 편하다.

- ● **말리듬으로 리듬 익히기**
  - 교사의 선율 연주를 듣고 따라 연주한다.

- ● **신체악기로 리듬 익히기**

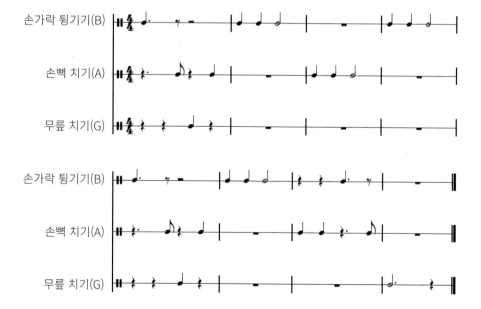

- 교사의 신체악기를 보고 악기로 연주한다.
- 교사의 리코더 연주를 듣고 학생들이 신체악기로 연주한다.
- 리코더 연주와 신체악기 두 그룹으로 나누어 함께 연주한다.

♬ 개별 악기 익히기

- 각자 '비행기'를 리코더로 좋은 소리를 낼 수 있도록 노력하며 연주한다.
- 연주를 어려워하는 학생의 경우, 교사 또는 친구와 함께 연주하며 익힐 수 있도록 한다.
- 이후 다 같이 음악적 표현을 살려 연주한다.

♬ 합주하기

- 오스티나토 반주를 만들어서 함께 연주한다.

|그림 Ⅱ-5| 가락 오스티나토 예시

♬ 즉흥연주하기

● **질문 응답으로 가락 창작하기**

- 4인 1조 모둠을 만들어 한 프레이즈씩 창작하여 연주한다. 마지막 학생은 G(솔) 으뜸음으로 끝낸다.
- 오스티나토를 이용한 작은 앙상블을 연주한다.
  두 팀으로 나누어 한 팀은 G(솔)로 베이스음을 연주하고 다른 한 팀은 B(시) A(라) G(솔)로 창작하여 연주한다.
- 그룹별로 오스티나토를 만들어 즉흥연주하고 발표한다.

※ 리코더 운지법 순서의 예

B, A, G, E, D 음계는 'G 5음 음계'로 즉흥연주를 다양하게 시도할 수 있다. 질문 응답 형식, 4인 1조로 학생 한 명씩 선율을 창작하여 연주하기 등 다양하게 학생들과 수업할 수 있다.

　※ 리코더 지도 순서 예: G A B → C'(높은 도), D'(높은 레) → E D → F → F# Bb 등 중심음인 '솔'부터 배우는 경우가 흔하나, 운지가 단순한 '시'(집게손가락 잡기)부터 시작하는 것도 이점이 있다.

1. 리코더 수업 중 주의 집중하기(리코더로 핫도그 만들기)

 교사가 "리코더 핫도그"라고 외치면 학생들이 "하나 둘 셋 넷" 외친다. 숫자를 세는 동안 학생들은 리코더 연주 악보가 있는 교과서 지면 사이에 리코더를 끼워서 핫도그를 만든다. 다 만든 후 학생들은 다음과 같이 손뼉을 친다. "짝 짝 짝 짝!(손뼉 치기)"

※ 악기가 책상 위에 있을 때 악기가 굴러다니지 않도록, 정리하는 활동으로 사용할 수 있다.

2. 리코더 음악 놀이 소개하기(리코더 기차놀이)

- 기차 대형으로 서서 교사가 주는 리듬에 맞추어 일정박으로 걷는다(교사가 일정박을 리듬스틱 또는 젬베로 연주한다).
- 맨 앞에 선 사람이 리코더 헤드로 리듬을 연주한다.
- 뒤에 선 친구들이 따라서 연주한다.
- 맨 앞에 선 사람이 기차 꼬리로 가고, 다음 사람이 리더가 된다.

라 쉽게 배우는 선율악기, 붐웨커

제 재 곡	• 붐웨커 앙상블
학습 목표	• 친구들과 함께 붐웨커 앙상블을 합주할 수 있다.
주요 개념	• 리듬 • 가락 • 음색 • 화성
지도 전략	• 악기 탐색하기 • 말리듬 활용하기 • 신체악기 활용하기 • 오스티나토 활용하기 • 질문 응답 형식의 즉흥연주 활용하기
자료	붐웨커, 붐웨커 옥타브 캡 등

♬ 연주 준비하기

- **악기 탐색하기(붐웨커로 다양한 소리 내보기)**
  - '바닥에 두드리기, 입으로 불어보기, 붐웨커 흔들기(발 사이, 겨드랑이 사이 등), 손톱으로 긁어보기, 손바닥으로 쳐보기, 공기 중에 저어보기' 등 탐색한 소리를 한 명씩 돌아가며 들려주고 친구들이 따라 해본다.

바닥에 두드리기	입으로 불기	신체를 이용해 붐웨커 흔들기	손톱으로 긁어보기 손바닥으로 쳐보기	공기 중에 저어보기

|그림 Ⅱ-6| 붐웨커로 다양한 소리 내보기

- **붐웨커 소리 내는 다양한 연주 방법 찾기**
  - 몸, 바닥, 물체에 두드린다(예, 책상 또는 의자에 두드린다 등).
  - 바닥에 천을 깔고 붐웨커를 눕혀 두드린다(표면 전체를 닿게 하여 내리친다).
  - 다양한 도구로 친다(말렛, 나무 주걱 등).
  - 옥타브 캡을 끼워 붐웨커를 세워서 캡을 바닥에 두드린다.

붐웨커 바닥에 눕혀 두드리기	천으로 붐웨커 고정해 말렛으로 연주하기	말렛으로 두드리기

※ 붐웨커를 음판악기처럼 바닥에 깔았을 때 천을 막대 사이에 끼워 붐웨커를 고정시킬 수 있다.

♫ 리듬·가락 익히기

▪ 말리듬으로 리듬 익히기
- C(도)음부터 말리듬으로 리듬을 익힌다.
- 악기 연주 순서를 정하여 연주한다(예, C-E-G-A-D 순서별로 악기를 쌓아 연주한다).
- 간단한 전주, 후주 등을 곁들여 음계를 연주해 볼 수 있다.

▪ 신체악기로 리듬 익히기
- 손뼉 치기로 리듬을 익힐 때 간단한 신체 움직임(동작과 춤)을 곁들인다.

붐웨커 앙상블

강명신

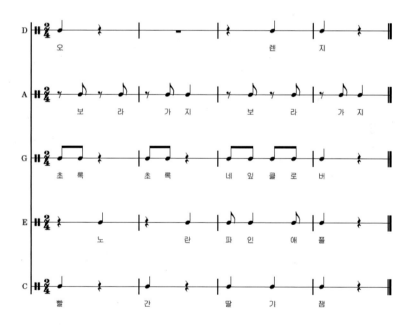

♫ 개별 악기 익히기

- 모둠별로 주어진 붐웨커들을 활용하여 2마디 정도의 간단한 선율을 만들어 연주한다.
- 2마디가 익숙해지면 2마디를 더 만들어 연결시키고 다듬는다.
- 서로 다른 붐웨커로 바꿔가며 연주법 및 가락을 익힌다.

♫ 합주하기

- 교사의 지휘에 따라 각 붐웨커 C(도), D(레), E(미), G(솔), A(라) 모둠은 순차적으로 간단한 신체 움직임과 함께 리듬을 연주한다.
- 교사는 두 모둠 연주, 세 모둠, 네 모둠 등 다양하게 연주하고 각 오스티나토 리듬 반주를 균형 있게 연주할 수 있도록 리듬군을 다양하게 만든다.
- 곡의 셈여림(점점 크게, 점점 작게, 여리게, 세게 등)을 활용하여 즐거운 합주 경험을 할 수 있도록 한다.
- 마지막에는 한 모둠만 연주하게 하고 곡을 마치도록 한다. 이때, C(도)모둠이 마지막에 연주하도록 하여 종지감을 준다.

♫ 즉흥연주하기

▪ 오스티나토를 이용한 붐웨커 즉흥연주하기

- 박자 정하기(2/4박자, 4/4박자 등)
- 8마디 창작하기
- 간단한 리듬 오스티나토 만들기
- 리듬에 어울리는 신체 움직임 만들기(동작, 춤 만들기)

- 'C(도), D(레), E(미), G(솔), A(라)' 5음 음계로 간단한 오스티나토를 만든다.
- 창작한 리듬 패턴에 어울리는 신체 움직임을 만든다.
- 교사의 지휘에 따라 오스티나토를 배경으로 다양한 선율을 자연스럽게 만들어 참여한다.
- 예) C모둠 연주 → E모둠 연주 → G모둠 연주 → A모둠 연주 → D모둠 연주. 각 모둠별로 연주를 쌓거나 모둠 수를 즐여가면서 연주를 진행시킬 수 있다.

수업 TIP

1. 옥타브 캡 좋은 소리 만들기

옥타브 캡을 붐웨커에 끼우면 한 옥타브 아래의 소리가 난다. 옥타브 캡에 솜 또는 화장 파우더 퍼프를 투명 테이프로 붙여 부드러운 소리를 만들 수도 있다. 간단한 방법으로는 완충 역할을 하는 책이나 방석 등의 물체 위에 두드려도 같은 효과를 낼 수 있다.

2. 붐웨커 음악 놀이 소개하기

C(도)D(레)E(미)F(파)G(솔)A(라)B(시)C(도)

스카프 놀이

- C(빨간색), D(주황색), E(노란색), F(연두색), G(초록색), A(보라색), B(자주색) 스카프 이용해 색깔별로 붐웨커 연주를 한다.
- 스카프를 들고 발 구르기로 리듬을 만들면 해당되는 붐웨커는 악기로 리듬을 연주한다. 빨간색 스카프를 들고 발 구르기로 리듬을 만들면 C(빨간색) 붐웨커로 리듬에 따라 연주를 한다.

스카프 들고 발 구르기

3. 붐웨커 보관 방법

비닐봉투 정리대를 이용한 붐웨커 거치대

휴지통을 이용한 붐웨커 보관통

※ 나만의 방법으로 다양한 붐웨커 거치대, 보관통 또는 보관함 등을 만들 수 있다. 학생들과 종이상자 등을 활용해 다양한 아이디어를 더하여 만들어 보는 것도 좋다.

마 쉽게 배우는 타악기 앙상블

제재곡	• 시마마 카(Simama ka)
학습 목표	• 원어로 노래를 부르고 악기 연주에 맞추어 춤을 출 수 있다.
주요 개념	• 리듬 • 가락
지도 전략	• 말리듬 활용하기 • 신체악기 활용하기 • 오스티나토 활용하기 • 놀이 활용하기(의자 게임)
자료	아프리카 관련 사진들, 가사 낱말카드, 가사 선율 카드, 베이스 목금(베이스 실로폰), 알토 목금(알토 실로폰), 젬베, 마라카스 등

시 마 마 카 (Simama kaa)

탄자니아 동요

♫ 연주 준비하기

▪ 아프리카 '탄자니아'에 대해 이야기 나누기

- 교실 벽에 붙여둔 아프리카 탄자니아 관련 사진들을 둘러본다.

- 사진자료들을 보고 알게 된 내용을 발표하고 나눈다.

▪ 다양한 반주의 제재곡 듣기

- 기악 합주를 염두에 두고 여러 가지 형태의 기악 반주를 소개한다.

▪ 가사 낱말카드 배열하기
  - 교사가 노래 부르고, 학생들은 노래를 들으며 가사의 순서에 맞게 낱말카
    드를 배열한다.
  - 교사의 노래를 따라 부르며 낱말카드 배열을 완성한다. 가사 카드를 배열하
    는 동안 학생들은 노래를 많이 듣게 되고 자연스럽게 노래를 익힐 수 있다.

가사 낱말 카드

▪ 노래 부르기
  - 박자에 맞춰 무릎을 두드리며 노래를 부른다.

▪ 신체 움직임 익히기
  - '시마마 카(Simama ka)' 노래 가사와 같이 행동한다.
    가사: '시마마'(일어서다), '카'(앉다), '루카루카'(깡충 뛰다), '템베아'(걷다),
       '킴비아'(뛰다)

♫ 리듬·가락 익히기

▪ 말리듬과 신체악기로 리듬 익히기

- 말리듬으로 악기 리듬을 배운다. 말리듬과 함께 신체악기로 연주한다.

♫ 개별 악기 익히기

- 악기별로 리듬 오스티나토, 가락 오스티나토, 제재곡 선율을 연습한다.

♫ 합주하기

- 악기별로 악기 순서를 정하여 합주한다.

  예) 젬베 → 마라카스 → 베이스 목금 → 알토 목금

- 간단한 리듬 반주를 더 추가하여 연주할 수 있다. 이때, 노래 선율을 별도
  의 악기로 연주할 수 있다.

  예) 리코더 외에 바이올린, 플루트 등 악기 연주가 가능한 학생이 있을 경
     우 적절히 참여시킨다.

♫ 즉흥연주하기

- 원 대형으로 서서 '시마마 카(Simama ka)' 노래를 부르며 아프리카인의 춤을 상상하여 즉흥으로 춤을 춘다. 이때 선율악기, 젬베 또는 북 종류의 다른 타악기로 오스티나토 리듬을 변형하여 다양하게 연주한다.
- 선율의 전체 흐름을 유지하면서 조금씩 변형하여 연주해보는 것도 가능하다. 예를 들어, 음을 잘게 나누어 연주하거나 새로운 음을 추가해 볼 수 있다.

• 의자게임 놀이
- 원 대형으로 의자를 배치하고 안쪽에 둥글게 선다.
- 노래를 부르며 가사에 따라 몸을 움직인다.
- 서서 몸을 움직이다가 노래가 끝나면 의자에 앉는다. 이때 의자에 앉지 못한 술래는 악기 연주자가 된다(게임이 반복될 때마다 의자를 한 개씩 뺀다).
- 의자에 앉지 못한 술래가 악기를 선택하여 연주한다.

수업 TIP	
1. 대체할 악기 소개	
 카혼	베이스 목금(실로폰) 대신 베이스 붐웨커를 이용한다. 이때, 옥타브 캡을 씌워 연주하면 저음부 베이스 악기로 대체할 수 있다. 젬베 대신 학교에 있는 북과 장구, 카혼 등을 이용하여 손으로 두드려 연주할 수도 있다.
2. 말렛 잡기	
	음판악기의 채(말렛)는 둥근 머리 쪽을 모아 삼각형 모양을 만들고 엄지와 집게손가락으로 손잡이를 잡고 나머지 손가락은 살포시 모은다. 채의 부드러운 타격감을 얻기 위해 풍선을 두드려보거나 채로 풍선을 옮기는 게임을 할 수 있다.
3. 알아두면 이로운 합주 지도 방법 소개	
1) 악기 수업을 할 때 자리 배치는 원 대형으로 앉는다.	
최대한 공간이 나올 수 있도록 책상을 벽에 붙이고 큰 원 대형으로 의자를 배치한다. 원 대형일 경우 원의 중심에서 거리가 같기 때문에 옆에 있는 친구뿐만이 아닌 모든 친구들과 교사를 바라볼 수 있다.	

2) 악기 연주의 '시작 박'은 정확히 주어야 한다.

전체적인 음악의 흐름을 알려 줄 수 있도록 4/4박자일 경우 "시~시~시작!"이 아닌 "하나 둘 셋 넷"과 같이 전체 박을 갖추어 예비 박을 주는 것이 좋다. 학생들이 예비 박을 정확히 인지하여야 전체적인 곡의 흐름을 연결하여 안정되게 박을 지켜 연주할 수 있다.

3) 어려운 리듬 연주는 나누어 연주한다.

연주가 어려운 오스티나토 리듬꼴을 여러 사람이 나누어 연주하게 함으로 연주에 대한 부담을 줄일 수 있다. 즉, 한 사람이 연주할 리듬을 두 사람이 나누어 하나의 리듬을 완성하는 것이다. 그리고 연주자 모두가 전체 리듬꼴에 어울리는 신체 움직임을 하면서 연주하는 것이 좋다.

4) 연주할 악구 단위를 미리 공유한다.

모방활동 등 '듣고 따라 하기'를 할 때, 교사의 시범이 끝난 후 학생들이 따라 하도록 한다. 예) 교사가 연주할 때는 손으로 교사를 가리키고 학생들 순서에는 손으로 학생을 가리키기

5) 일정 길이의 서주, 간주, 후주를 넣어 연주한다.

서주의 경우, 악기 한 개씩 연주를 시작해 4~8마디 연주를 한 후 하나씩 쌓아가며 연주하는 방법을 소개한다. 연주의 시작은 주로 베이스 저음부부터 고음부로 연주한다. 타악기의 경우 큰타악기, 가죽악기, 나무악기, 금속악기 순으로 연주할 수 있다. 교사는 각 악기가 연주될 때 말리듬, 신체악기 등으로 정확한 리듬을 연주할 수 있도록 도와 학생들이 안정적으로 연주를 할 수 있도록 이끈다. 후주는 서주와 악기 순서를 반대로 하여 맨 처음 시작한 악기가 맨 나중에 연주를 하며 마치도록 한다. 이와 같은 방법은 각 연주자들의 솔로 연주를 들을 수 있고 소리 음향의 효과, 악기 간의 다양한 리듬의 조화 등을 경험할 수 있다. 서주에서 각 악기 음량을 조절할 수 있도록 하여 새로운 악기가 등장하였을 때, 상대적으로 작게 소리를 내어 새로운 악기 소리가 돋보일 수 있도록 한다. 교사는 지휘를 할 때 오른손으로 박자를 지휘하고 왼손으로 각 악기의 입장과 퇴장 수신호를 보낸다.

음악을 맛있게
요리하는 창작 수업

Q1: 창작 수업의 흐름을 어떻게 잡으면 좋을까요?

Q2: 창작 수업에서 개별 활동과 모둠활동을 각각 어떻게 활용할 수 있을까요?

Q3: 모둠활동에서 소극적이거나 소외되는 학생을 어떻게 지도할 수 있을까요?

Q4: 창작물은 꼭 오선지에 음표로 그려야 할까요?

Q5: 학생들이 만든 음악 창작물에 대한 피드백은 어떻게 하는 것이 좋을까요?

Q6: 음악 창작 수업에 활용 가능한 애플리케이션에는 어떤 것이 있을까요?

Q1 음악 창작 수업에서는 음악을 여러 방법으로 느껴보고, 구체적으로 스케치하며 탐색하는 활동이 필요하다. 이렇게 구상한 소리의 재료들을 흐름이 살아나도록 연결하여 조직한 뒤, 하나의 창작물로 산출하고 정리하며 마무리한다. 하지만 음악 창작 수업은 일방향적인 흐름을 따르기보다는 수업의 목적과 주제에 따라 자유롭게 재구성하여 설계하면 더욱 효과적으로 이루어질 것이다.

Q2 Q3 교실에서 많은 인원을 대상으로 이루어지는 창작 수업에서는 개별활동과 모둠활동을 적절히 섞는 것이 효과적이다. 가령 소통과 피드백이 필요한 발산적인 과제를 할 때에는 개별활동보다는 모둠활동이 효과적이고, 자신의 창작물을 만들고 정교화하는 단계에서는 개별활동을 통해 개인적으로 숙고하는 시간을 갖게 한다. 혹은 간단한 과제를 개별활동으로, 도전적인 과제를 모둠활동으로 제시할 수도 있다. 즉, 수업의 목적과 맥락에 따라 활동 형태를 다양하게 구성하면 더욱 효과적인 창작 수업이 이루어진다. 이때 모든 학생들이 창작활동에 능동적으로 참여하도록 이질집단으로 모둠을 구성하고 학생들에게 고유한 역할을 부여함으로써, 책임감을 강화하거나 끊임없는 대화와 토론을 통해 공동의 과제를 해결해나가는 방식을 적절히 섞어 활용한다.

Q4 전통적으로 음악을 창작하는 과정에서 '오선지'에 선율 혹은 리듬꼴을 기보하는 것은 필수적으로 여겨져 왔다. 하지만 창작 수업에서 창작물의 형태가 반드시 오선지에 음표로 기보하는 악보의 형태일 필요는 없다. 학생들의 창의적 결과물은 학습 목표와 학생들의 수준 및 희망에 따라 다양한 형태로 정리될 수 있다. 오선지에 기보된 악보, 그림이나 그래프 또는 표, 직접 연주하는 공연, 연주한 것을 녹음한 음반, 또는 즉흥적인 요소를 가미한 즉흥연주, 디지털 미디어 또는 애플리케이션을 이용한 디지털 음원 등의 형태가 가능하다.

Q5 학생들은 창작을 하면서 잘못된 것은 없는지, 뭔가 마음에 안 드는데 어떻게 하면 좋을지 등 끊임없이 교사에게 도움을 요청한다. 이때 피드백은 자주, 그리고 다양한 형태로 이루어지면 좋다. 교사-학생 간 1:1 피드백도 좋지만 학생-학생 간 동료 피드백도 굉장히 효과적이다. 또한, 이건 '맞았어', 이건 '틀렸어'라는 피드백보다는 '이 부분은 ~~한 느낌이 드는구나. 어떤 생각을 가지고 만든거니?', '이 부분은 어떤 느낌을 주려고 의도한 거니? 그럼 이 부분에서 셈여림 변화를 더 크게 줘보면 어떨까?' 등 스스로의 음악을 깊이 있게 느끼고 생각해보도록 유도하는 것이 더욱 적절하다. 창

작 활동에서는 엄밀한 의미에서 옳고 그름을 말하기 어렵다. 그러므로 정해진 답을 찾아가는 것보다 정해지지 않은 답, 즉 새로움을 추구하는 과정 자체를 지속적으로 향유하게 하는 것이 좋다.

Q6 음악 창작 활동을 하려면 머릿속의 생각을 음악으로 표현해줄 '도구'가 필요하다. 그 도구는 사람의 목소리부터 여러 악기들까지 소리를 구현할 수 있는 그 모든 것이 해당되는데, 교실에서 음악 창작 수업을 할 때에는 목소리도 활용하기 좋지만 정확한 음정을 내는 데는 개인차가 크므로 주로 접근성이 좋고, 연주하기 익숙한 선율악기인 리코더나 실로폰 등을 활용하는 경우가 많다. 하지만 다양한 악기를 활용하여 음악을 창작할 수 있는 새로운 도구, 즉 음악 창작 수업에 활용 가능한 애플리케이션 혹은 프로그램을 활용할 수도 있다. 특히 다양한 가상악기 애플리케이션은 교실에 없는 악기를 활용하는 데 큰 도움이 된다. 창작 목적의 애플리케이션은 학생들이 음악적 아이디어를 발상하는 것뿐만 아니라 음악을 만든 뒤 즉각적으로 수정 및 보완할 수 있다는 큰 장점이 있다.

음악 창작 교육, **왜** 해야 할까요?

"음악 창작이요? 그걸 저희가 어떻게 해요?"

학교에서 아이들에게 음악을 만들어보자고 이야기하면 대부분의 아이들은 탄식과 함께 이렇게 반응하고는 했다. 흔히 음악 창작이라 하면 많은 사람들은 모차르트나 베토벤과 같은 천재적인 작곡가들이 머릿속에 떠오른 악상을 악보에 적고 그것을 콘서트홀에서 연주하는 장면을 떠올린다. 그래서 그런지 우리에게 음악 창작이란 노래 부르기와 악기 연주하기, 음악 감상하기 등의 다른 음악 활동보다 멀고 어렵게 느껴진다.

음악 창작 활동은 다양한 음악적 개념과 형식·구조 등을 습득하고, 이를 활용해 새로운 아이디어를 만들며 조합하고 표현해내는 종합적인 음악 경험임에도 불구하고 학교 현장에서 활발하게 이루어지지 못하고 있다. 가장 주된 이유는 교사와 학생 모두에게 음악 창작 활동이 너무 어렵게 느껴진다는 점이 아닐까? 이 장에서는 학생과 교사를 위한 음악 창작 수업의 단계 및 전략, 그리고 실제적인 지도안을 제시한다.

가 음악 창작 교육의 지향점

창작 수업은 왜 감상 수업, 가창 수업과 기악 수업보다 어렵고 복잡하게 느껴지는 것일까? 음악 창작 교육은 작곡 전공자를 양성하기 위한 것인가? 교사와 학생 모두가 편안하고 쉽게 음악 창작 활동을 할 수 있는 방법은 없을까? 보편적인 음악 향유자를 양성하기 위한 음악 창작 교육이란 무엇일까?

교실에서 이루어지는 음악 창작 활동은 아무것도 없는 무에서 전혀 새로운 유를 창조해내는 것과 같은 거창한 일이 아니다. 마음속에서 표현하고 싶은 아이디어를 '소리'라는 매체를 통해 원하는 대로 다양하게 표현해 보는 것이다. 교사는 학생들이 아이디어를 표현하는 데 있어 다양한 방법으로 문제를 해결할 수 있도록 지도한다. 이 과정을 통해 음악적 표현에 대해 호기심을 느끼고 흥미를 가질 수 있다. 이때 학생들이 무엇보다 자신의 의견과 느낌을 자유롭게 표현할 수 있는 허용적인 분위기를 조정해야 한다. 즉, 감상, 가창, 기악 등 각 영역을 분절적으로 지도하는 것이 아니라, 모든 영역과 창작을 유기적으로 연계하는 것이 좋다. 특히 창작 결과물의 공유를 통해 자신이 찾은 새로움의 의미를 점검하고 확대하게 한다. 궁극적으로, 음악적 개념을 주입하거나 기능을 익히게 하는 것이 아닌 음악적으로 창의적인 인간이 될 수 있도록 이끄는 데 주안점을 둔다.

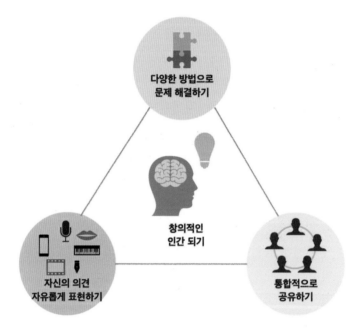

|그림 III - 1| 음악 창작 교육의 지향점

나 음악 창작 교육의 과제

이 장에서 이야기할 음악 창작 교육은 보편적인 음악 향유자를 양성하기 위한 것으로써 전문 작곡가를 양성하기 위한 것이 아니다. 음악 창작 교육을 통해 다양한 방법으로 문제를 해결하고, 자신의 의견을 자유롭게 표현하고, 그것을 통합적으로 공유함으로써 창의적인 인간이 될 수 있도록 하기 위한 과제는 무엇일까?

먼저, 음악 창작에 대한 인식을 바꿔야 한다. 음악 창작 수업에 대해 느끼는 어려움은 음악 창작과 나 사이에 장벽이 있다는 심리적 두려움 때문일 것이다.

학생들이 자신의 아이디어를 소리로, 자유롭고 다양한 방법으로 표현하는 활동과 친해질 수 있도록 한다.

다음으로는 다양한 음악 창작 도구를 활용할 수 있어야 한다. 음악을 만들려면 머릿속에 있는 음악적 아이디어를 직접 소리로 구현할 수 있는 '도구'가 필요하다. 목소리부터 여러 악기들까지 소리를 만들어낼 수 있는 그 모든 것이 도구가 될 수 있는데, 도구 활용 능력이 좋을수록 창작 또한 잘할 수 있다. 특히 음악을 창작할 수 있는 새로운 도구, 즉 음악 창작 수업에 활용 가능한 애플리케이션 혹은 프로그램도 정말 유용한 음악 창작 도구이다.

마지막으로는 다양한 영역과 창작을 통합하여 창작 결과를 서로 공유하며 향유할 수 있어야 한다. 이러한 통합의 결과를 바탕으로 음악 창작 활동이 자연스러운 생활의 일부가 되는 것이다.

음악 창작 수업, **어떻게** 해야 할까요?

가 음악 창작 수업의 흐름

| 느끼기 | 탐색하기 | 조직하기 | 산출하기 | 공유하기 |

|그림 III - 2| 음악 창작 수업의 단계

음악 창작 수업은 위와 같은 다섯 단계의 흐름으로 진행할 수 있다.

첫 번째 느끼기 단계에서는 삶에서, 이를테면 주변의 소리 또는 기존의 음악을 듣고 갖게 되는 자신만의 생각과 느낌을 떠올려본다. 음악을 여러 방법으로 '느껴보는' 것을 통해 음악 창작 활동을 준비하고 내가 표현하고 싶은 것을 스케치하는 단계이다.

두 번째 탐색하기 단계에서는 스케치를 토대로 음악의 주제를 정하고, 창작에 포함시킬 소리 재료—주변의 다양한 소리, 신체를 이용한 소리, 리듬꼴과 멜로디 등—를 다양하게 찾아보고 확인한다. 이때 학생들이 자신의 아이디어를 발산적으로 표출하고, 이것이 음악적 발상으로 모이도록 돕는다.

세 번째 조직하기 단계에서는 앞 단계에서 발산적으로 구상하였던 여러 소리의 재료들을 하나의 흐름으로 연결한다. 이때 활동지, 혹은 악보(그림, 오선) 등 기보할 수 있는 매체를 통해 구조화를 도울 수 있다. 또한, 학생들이 소리를 구현할 수 있고, 구현한 소리를 스스로 듣고 확인할 수 있는 도구—악기, 음악 창작 지원 프로그램 등—를 함께 제공한다.

네 번째 산출하기 단계에서는 앞서 구현한 소리를 다듬고 정교화하여 하나의 창작물로 산출한다. 이때 조직하기 단계와 산출하기 단계에서 창작물의 형태는 반드시 오선지에 기보하는 악보의 형태일 필요는 없다. 학습 목표와 학생들의 수준 및 희망에 따라 다양한 형태를 선택하면 된다.

다섯 번째 공유하기 단계에서는 창작한 결과물을 발표하거나 시연해보고, 그 의미를 함께 점검한다. 또한 동료 피드백을 반영하여 자신의 창작물을 수정할 시간을 가지거나 창작 성찰일지를 작성하며 자신의 창작물에 대한 성찰 및 그날의 창작 활동을 정리한다. 이 성찰일지는 그날의 창작 활동에 대한 반성 및 기록이자 다음 창작 활동에 도움이 될 나만의 비법노트가 된다.

이상으로 음악 창작 수업의 흐름을 살펴보았는데, '음악 창작'에는 정해진 답이 없듯 창작 수업 또한 수업의 목적과 주제에 따라 교사가 자유롭게 흐름을 설계하는 것이 좋다. 목적에 따라 수업의 흐름을 다양하게 재구성함으로써 음악을 '만드는 행위'에 집중하게 할 수도, 창작을 통해 음악적 개념을 습득하는 데 초점을 맞출 수도 있으며, 혹은 이론에 기반한 하나의 구조화된 음악작품을 완성하는 과정을 경험하게 할 수도 있다. 즉, 다양한 방식의 창작을 통해 학생들이 창작에 대한 여러 갈래의 길을 경험하도록 하는 것이다.

나 음악 창작 수업의 전략

아래에 소개할 창작 수업 지도전략은 음악 창작 수업의 흐름 혹은 순서에 구애받지 않고 수업 내용 및 활동 주제에 따라 선택적으로 활용할 수 있다.

1) 창작을 하기 위한 틀 제공하기

글을 쓸 때 서론-본론-결론의 구조로 시작과 마무리를 유력하게 잇듯 음악을 만들 때에도 흐름을 조직해야 한다. 이러한 구조를 학생들이 처음부터 설계하는 것은 굉장히 어렵기 때문에 창작 활동에 앞서 기초적인 틀, 뼈대를 제공함으로써 음악의 구조화를 도울 수 있다. 대표적으로 음악의 형식과 같은 틀을 예로 들 수 있다. 같고 다른 형식(A-B), 전후반의 변화(A-A'), 앞뒤의 통일(A-B-A), 반복 등장(A-B-A-C-A) 등의 틀을 제공하고 그것에 맞춰 음악을 창작하며 구조화 능력을 기를 수 있을 것이다. 여기에 익숙해진다면 학생들이 자신의 의도에 따라 나만의 음악 얼개를 짜서 스스로 음악의 형식을 설정하고, 자신의 아이디어를 구조적으로 적용하는 단계로 나아간다.

2) 개념과 연계한 창작 수업 설계하기

두 번째 전략은 음악 요소 및 개념과 연계하여 창작 수업을 설계하는 것이다. 평소 어렵고 지루할 수 있는 음악 이론 수업이 창작 활동으로 연결될 때 학생들은 그 내용을 더욱 깊이 이해할 수 있을 것이다. 다음은 초등학교 교과서에 제시되어 있는 음악 요소 및 개념과 이를 창작에 적용할 수 있는 예이다.

음악 요소 및 개념	창작 수업 적용 예시
리듬	- 4/4박자의 다양한 리듬꼴 만들기 - 드럼패드 앱으로 다양한 4/4박자 리듬꼴 만들고 음표와 쉼표로 나타내보기 - 가사의 특성을 살려 말리듬 오스티나토 만들기
가락	- 순차 진행으로 2마디 가락 짓기 - 동형 진행으로 4마디 가락 짓기 - 계속되는 느낌과 끝나는 느낌을 살려 8마디 가락 짓기
화음	- 주요 3화음 활용하여 4마디 가락의 화음 반주 만들기 - 계속되는 느낌과 끝나는 느낌을 살려 주어진 가락의 화음 반주 만들기
형식	- A-A'형식 활용하여 4마디 가락 만들기 - 론도 형식 활용하여 음악 만들기

|표 III - 1| 음악 요소 및 개념과 창작 수업 적용 예시

3) 단위 나누어 조합해 보기(리듬꼴 카드, 칸 악보 활용)

리듬 창작 활동을 할 때 학생들이 주로 호소하는 어려움은 리듬을 어떻게 쪼개고 나눠야 할지 모른다는 점이다. 이를 쉽게 할 수 있도록 도와주는 방법으로 해당 박자에 따른 다양한 리듬꼴을 나타내는 리듬꼴 카드를 활용하는 것과 정간보처럼 칸이 나눠져 있는 악보를 활용하여 리듬을 창작해보는 것이 있다.

|표 III - 2| 4/4박자의 리듬꼴 카드 예시

예를 들면 4/4박자의 리듬을 창작하는 활동에서 교사가 [표 2]와 같이 4/4박자의 다양한 리듬꼴 카드를 제시하고, 함께 리듬을 익힌 후 4/4박자 리듬을 릴레

이로 만들어 연주해보는 활동을 할 수 있다. 혹은 다양한 리듬꼴에 번호를 붙이고 주사위를 굴려 나오는 리듬꼴을 붙여 리듬을 창작해보는 활동도 가능하다.

또, 리듬을 창작할 때 오선지에 음표와 쉼표의 길이를 생각하여 기보하기도 하지만, 이를 어려워하는 학생들도 많다. 오선지에 리듬을 기보하는 활동 이전에 정간보처럼 한 칸이 일정박으로 나누어진 칸 악보를 활용하여 리듬을 창작하면 학생들이 리듬 창작에 보다 쉽게 접근할 수 있다. 칸 악보의 경우 말리듬을 창작하는 활동에 적합하다.

|그림 III - 3| 칸 악보로 말리듬 짓기 예시

4) 모방활동부터 시작하기

창작 지도는 모방에서부터 단계적으로 이루어지는 것이 좋다. 리듬, 가락, 화음 등 학생들이 다양한 예시를 모방함으로써 음악적 요소를 습득하고 그것을 응용하여 창작까지 이를 수 있도록 단계적으로 지도하는 것이 좋다. 예를 들면 리듬 창작 활동에서 가) 리듬 모방하기, 나) 리듬 꼬리잇기의 순서로 모방에서 점차적으로 창작까지 자연스럽게 이어지도록 할 수 있다.

가) 리듬 모방하기 : 교사가 일정박에 맞춰 연주하는 다양한 리듬을 학생들이 그대로 따라 치는 활동이다. 이 활동을 통해 학생들은 해당 박에 해당하는 다양한 리듬 패턴을 듣고 따라 연주하며 익힐 수 있다.

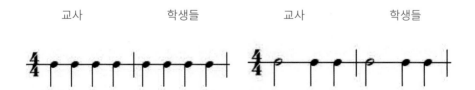

나) 리듬 꼬리잇기 : 교사와 학생이 꼬리에 꼬리를 물며 리듬을 이어나가는 활동이다. 첫 번째 단계로 교사가 일정박에 맞게 리듬으로 질문을 하면, 학생들은 책상을 치거나 손뼉을 치며 리듬으로 대답하는 활동이다. 이때 학

생들은 교사의 리듬을 그대로 따라 대답해도 되고, 새로운 리듬을 만들어 대답할 수도 있다.

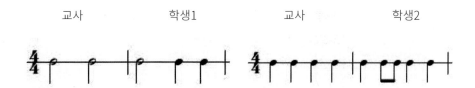

두 번째 단계로 일정박에 맞추어 학생들이 해당 박에 맞는 리듬을 이어 치는 활동이다. 이때, 교사는 일정박을 쳐주거나 다양한 리듬 패턴을 안내해 줄 수 있다.

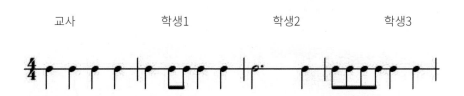

5) 느낌을 음악적 언어로 표현하기

음악을 창작하는 전, 중, 후의 과정에서 머릿속으로 떠올린 음악적 아이디어를 밖으로 꺼내어 표현하고 구체화할 수 있는 상호 논의의 기회를 장려한다. 자신이 떠올리고 느낀 음악적 심상을 친구들에게 적극적으로 설명하는 활동, 혹은 창작 성찰일지에 생각을 적어 보는 활동을 안내할 수 있다. 처음에는 자신의 감정에 근거하여 신나는 느낌, 즐거운 느낌, 어두운 느낌 등의 막연한 표현을 사용하겠지만, 지속적인 활동을 통해 자신이 원하는 느낌을 주기 위해 음악의 어떠한 요소가 필요한지 곰곰이 생각할 수 있도록 지도한다. 이러한 접근은 창작 활동의 마무리 단계인 공유하기에서 피드백의 형태로 종합된다.

6) 개별활동과 모둠활동 적절히 활용하기

음악 창작 수업은 수업 수준 및 학습 목표에 따라 개별활동과 짝활동, 모둠활동 등 학습 형태를 다양하게 구성할 수 있는데, 개별활동에서의 소통은 발표, 피드백 제공 등이 있으며, 모둠활동이나 짝활동에서의 대표적인 소통의 방법으로는 '토의'가 있다. 토의는 음악을 창작하는 전 과정에서 이루어질 수 있으며, 토의 과정에서 이루어지는 동료 간 음악적 소통은 학생 개인이 해결할 수 없는 도전적인 과제를 협력적이고 창의적으로 해결할 수 있도록 도와주는 디딤돌의 역할을 한다.

자신의 창작물을 만들고 정교화하는 단계에서는 개별활동을 통해 창작물에 대해 개인적으로 숙고하는 시간을 가지면서 교사와 1:1 피드백이 이루어지는 것이 효과적일 것이다. 혹은 네 마디의 리듬꼴을 창작하거나, 두 마디의 가락을 변형하는 활동 등 비교적 간단한 창작은 개별활동으로 안내하여 학생들 모두가 각자의 과제를 수행하도록 하고, 도전적인 과제를 모둠활동으로 제시하여 동료 학습자와 함께 해결해나가도록 하는 방법도 활용할 수 있을 것이다. 이 때 제안하고 싶은 모둠활동의 형태는 두 가지가 있다.

(1) '무임승차를 방지할 수 있는' 역할 부여

집단 구성원들의 성공적 학습을 위하여 신경써야 할 점은 모둠 구성원과 역할 분담이다. 먼저, 교사는 학생들의 음악적 능력과 흥미 정도를 파악하여 이질집단으로 모둠을 구성한다. 모둠활동이지만 과제는 개인과제와 모둠과제를 함께 주는 것이 좋다. 개인과제를 통해 모둠 구성원 모두에게 반드시 수행해야 하는 하나의 역할을 부여하여 무임승차하는 학생이 없도록 방지할 수 있고, 모둠과제 수행을 통해 모둠 구성원 간의 협동심과 성취감을 높일 수 있기 때문이다. 앞선 음악 창작 수업의 단계에 따라 수업의 예를 들어보면 다음과 같다.

단계	활동 내용		비고
느끼기	주제 제시 및 활동 준비하기		교사가 주제를 제시하고, 학생들의 동기를 유발하는 단계이다.
탐색하기	역할분배	1번 학생	역할 분배는 주제에 따라 달라지며, 처음에는 교사가 역할을 제시해주다가 학생들이 스스로 역할을 분배할 수 있도록 이끌어주는 것도 좋다.
		2번 학생	
		3번 학생	
		4번 학생	
	역할 분배 및 개인과제하기		

조직하기	다듬고 수정하기 (부분 ↔ 전체)	부분에서 전체, 또는 전체에서 부분으로 수정해나가며 모둠 구성원 모두의 의견을 반영하여 이루어지는 작업이다.
산출하기	발표하기	음악 창작 활동에서의 모둠과제는 창작물을 발표하는 것으로 주면 좋다. 산출하기 단계 이전에 발표를 준비하는 단계를 추가해도 좋다.
공유하기	창작 성찰일지 작성하기	모둠원과 함께 활동에 대한 피드백을 나누고 오늘의 활동을 정리하며 성찰일지를 작성한다.

|표 III - 3| 수업설계의 예

(2) '모든 것을 함께하는' 협력 활동

하나의 과제에 대해 평등한 입장에서 어려움을 공유하고 심도 있는 대화로 문제를 해결해가도록 한다. 이를 통해 모든 학생이 활동에 적극적으로 참여할 수 있도록 이끌어낼 수 있다. 이때 교사는 활동에 깊이 개입하기보다는 조력자, 안내자의 역할을 하며 학생들이 충분한 대화로 자유롭게 소통할 수 있도록 돕는다.

7) 다양한 표현 방법 활용하기

음악 창작 활동에 있어 아이디어의 발상은 많은 학생들이 창작 수업에서 가장 어려워하는 것이다. 발상을 할 때에는 떠오르는 아이디어를 머릿속으로만 생각하지 말고 다양한 방법을 활용하여 표현할 수 있도록 안내한다. 다양한 표현 방법의 예시로 ① 그림 그리기, ② 의성어로 표현하기, ③ 흥얼거림, 노래 등 목소리 활용하기, ④ 글이나 악보로 기록하기, ⑤ 익숙한 악기로 연주하기, ⑥ 애플리케이션 등 미디어 활용하기, ⑦ 책상 치기, 신체 타악기, 종이 구기기 등 생활 속 소리를 활용하여 소리 만들기 등이 있다.

학교 현장에서는 학생 한 명당 활용할 수 있는 악기의 수가 한정되어 있는 경우가 많고, 악기 연주를 어려워하는 학생도 많다. 따라서 악기를 활용하여 표현하는 것에만 얽매이지 말고 학생들이 익숙한 표현 방식을 찾을 수 있도록 다양한 표현 방법을 안내한다.

8) 다양한 기보법 활용하기

보통 음악 창작 수업에서의 창작물을 떠올리면 완성된 음악 작품, 오선지 속에 그려진 악보 등을 떠올린다. 하지만 창작물의 형태는 반드시 오선지에 기보하는 악보의 형태일 필요는 없다. 학생들의 창의적 창작물은 기보를 하고 연주하거나, 곡의 흐름과 아이디어를 나타내는 기호나 메모를 보고 연주하거나, 기보를 생략한 즉흥연주의 형태로 나눌 수 있다. 즉흥연주의 경우 기보가 필요 없으며, 기보를 하고 연주하는 구체적인 예로는 악보를 보고 직접 연주하는 '공연'의 형태, 연주한 것을 녹음한 '음반'의 형태, 디지털 미디어 또는 애플리케이션을 이용한 '디지털 음원'의 형태 등이 모두 가능하다.

오선지에 기보하는 것이 정확한 기보 능력을 갖게 하는 데는 긍정적이지만 음악 이론에 익숙지 않은 학생들의 경우 오히려 어려움이 가중될 수 있다. 그렇기 때문에 가락선 악보, 정간보, 그림 악보 등 다양한 방식을 안내하고 학생이 가장 편한 것을 선택하도록 하는 것이 좋다.

9) 자신의 창작 활동을 돌아보는 시간 가지기

이 전략은 수업을 정리하는 마무리 단계에서 가장 많이 활용될 수 있다. 자신의 창작 활동을 돌아보며 개별적으로 또는 모둠별로, 학급 전체 단위로 진행할 수 있으며 창작 활동에서 학생의 성장을 위한 중요한 단계라고 감히 이야기할 수 있다.

먼저 개별활동으로 진행할 경우, 각각 창작 성찰일지를 작성하며 자신의 창작물에 대한 성찰 및 그날의 창작 활동을 정리할 수 있다. 다음으로 모둠활동 혹은 전체활동으로 진행할 경우에는 오늘의 활동에 대해 학급 친구들과 이야기를 자유롭게 나눠볼 수 있다. 아쉬운 점과 좋았던 점, 다른 친구들의 창작물에 대한 피드백 등 자유롭게 의견을 나누는 시간을 가지는 것이다. 모둠활동으로 진행하게 된다면 조금 더 깊고 세밀한 동료 피드백을 나눌 기회가 많아지고, 전체활동으로 진행하면 교사와 학생 간 피드백의 기회가 증가하므로 때에 따라 적절히 취사선택하면 된다.

음악 창작 수업, **이렇게** 해보세요!

다음은 음악 창작 수업의 예시이다. 앞서 느끼기, 탐색하기, 조직하기, 산출하기, 공유하기로 연결되는 음악 창작 수업의 흐름을 소개하였고, 목적에 따라 수업의 흐름을 다양하게 재구성함으로써 다양한 방식의 창작을 학생들이 경험할 수 있음을 언급하였다. 이 장에서는 다섯 가지 수업의 주제와 학습 목표를 설정하고 강조하고 싶은 요소에 따라 수업의 흐름을 어떻게 재구성할 수 있는지, 수업의 전략은 어떻게 활용할 수 있을지에 대한 예시를 제시하고자 한다.

가 말과 리듬의 조합, 말리듬 만들기

학습 목표	모둠별로 주제에 맞는 4/4박자 말리듬을 만들어 합주할 수 있다.
주요 개념	박자, 음의 길고 짧음, 간단한 리듬꼴
지도 전략	단위 나누어 조합해보기 개별활동과 모둠활동 적절히 활용하기
자료	리듬꼴 카드, 칸 악보

♫ 느끼기

● 말리듬으로 이루어진 음식랩 들어보기
  - 음식랩을 듣고, 어떤 느낌이 드는지 이야기해본다.

|그림 III - 4| 음식랩

● 음식랩 따라해보기

  - 처음에는 한 파트씩 전체적으로 따라해보고, 두 번째에는 파트를 나누어 따라해본다.

  - 음식랩을 직접 합주해본다.

🎵 탐색하기

● 4/4박자의 다양한 리듬꼴 알아보기

  - 4/4박자의 다양한 리듬꼴을 칸 악보에 직접 만들고 발표한다.

  - 친구들이 만든 리듬꼴에 어울리는 말리듬을 붙여 함께 불러본다.

색칠								반복
말리듬붙이기	쉬			는	시		간	

|그림 III - 5| 4/4박자 칸 악보 예시

● 모둠별로 주제 및 연주 순서 정하기

  - 모둠별로 만들고자 하는 말리듬의 주제를 정하고 연주의 순서를 정한다.

  ▶ 말리듬을 합주할 때에는 돌림노래와 같이 첫 번째 파트 주자가 두 마디
    를 연주하면 두 번째 파트 주자가 연주를 시작하는 방식으로 진행한다.

  ▶ 첫 번째 파트는 비교적 큼직한 단순한 리듬에서 둘, 셋, 네 번째 파트로
    갈수록 리듬이 잘게 쪼개지는 형태로 진행하도록 안내한다.

> **TIP**
>
> ※ 음표와 쉼표의 길이를 먼저 확실히 지도한 후, 칸 악보를 활용하는 방법을 안내하
> 면 좋다.
>
> ※ 첫 번째 파트 주자는 리듬의 중심을 잘 잡아주면 좋다. 말리듬을 창작한 후 연습과
> 정에서 어려움을 느끼는 모둠이 있다면 교사가 연주의 순서를 조정해도 된다.

♫ 조직하기

● 말리듬 만들기

  - 모둠별로 주제에 맞게 자신의 파트 말리듬을 만든다.

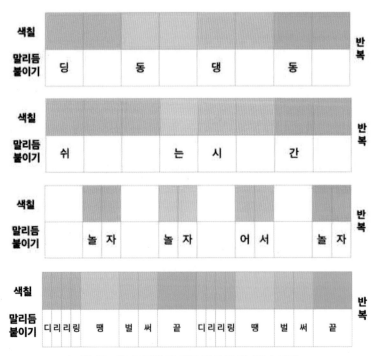

|그림 III - 6| 모둠별 말리듬 만들기 칸 악보 예시

● 말리듬 연습 및 수정하기

- 각 모둠원들이 말리듬을 완성하면 함께 연습해보며 하나의 완성된 음악이 될 수 있도록 수정하고 정교화한다.

역할분배	첫 번째 주자	1번 말리듬 만들기
	두 번재 주자	2번 말리듬 만들기
	세 번째 주자	3번 말리듬 만들기
	네 번째 주자	4번 말리듬 만들기
말리듬을 연주해보며 수정 및 정교화하기		
말리듬 합주 연습하기		

|표 III - 4| 역할분담 및 말리듬 만들기 과정 예시

TIP

※ 말리듬을 만들 때 리듬꼴 카드를 활용할 수 있도록 한다.

※ 모둠별 말리듬 합주를 연습할 때에는 한 박당 한 번씩 박수를 치면서 연습하도록 한다.

※ 음높이와 음색, 억양을 바꿔보며 연습하도록 한다. 박자를 고려하되 자유롭게 셈여림에 변화를 주면서 효과적인 표현 방법을 찾을 수 있다.

♫ 산출하기

● 우리 모둠의 말리듬 합주하기

- 친구들 앞에서 우리 모둠이 만든 말리듬을 발표한다.

TIP

※ 발표를 듣는 다른 학생들은 집중하며 듣되, 발표가 끝난 후에는 긍정적인 리액션(큰 박수 등)을 하도록 분위기를 조성한다.

♫ 정리하기

● 감상 소감 나누기

- 친구들의 말리듬 발표를 감상한 후 인상적이었던 점과 좋았던 점 등 소감을 나눈다.

● 창작 성찰일지 작성

  - 창작 성찰일지를 통해 오늘의 활동을 정리한다.

나 리듬 바꿔 변주하기

학습 목표	젓가락 행진곡의 메인 주제에서 리듬을 바꿔 즉흥적으로 변주할 수 있다.
주요 개념	음의 길고 짧음, 여러 가지 리듬꼴, 형식
지도 전략	창작을 위한 틀 제공하기 모방활동부터 시작하기
자료	실로폰, (리듬막대)

♫ 느끼기

● 작은별 변주곡 들어보기

  - 모차르트의 작은별 변주곡을 듣고, 변주곡의 특징을 생각해본다.

  ▶ 변주곡: 주제·동기·음형을 여러 가지 방법으로 변형하는 기법을 변주라
고 하며, 종류로는 일정한 선율을 반복·재현할 때 그 대위선율을 변화시
키는 대위법적 변주곡, 4~8마디의 베이스 형태를 반복하고 그때마다 상
성부를 변화시키는 계속적 변주곡, 주제의 선율이나 리듬을 장식적으로
변화시키는 장식변주곡, 변주가 주제의 부분적 특징만을 지니고 각 변주
에 새로운 성격을 부여해가는 성격변주곡 등이 있다.

  - 구간별로 주제가 어떻게 달라지고 있는지 자유롭게 이야기 나눠본다.

  ▶ 첫 번째 변주는 오른손의 선율이 16분음표로 쪼개지며 변주되었고, 두
번째 변주는 왼손의 선율이 16분음표로 쪼개지며 변주되었다. 다섯 번째
변주는 리듬이 변형되었다.

♫ 탐색하기

● 개념 탐색하기

  - $\frac{6}{8}$ 박자와 음표의 길이에 대해 알아본다.

▶ 악곡에서 박자를 나타낼 때, $\frac{a}{b}$ 라고 표기한다. 여기에서 b(분모)는 기준이 되는 음표를 의미하고, a(분자)는 기준이 되는 음표가 몇 개 들어가는지를 알려준다. 예를 들어, $\frac{4}{4}$박자는 4분음표가 4개 들어가는 것이고, $\frac{6}{8}$박자는 8분음표가 6개 들어가는 것이다. 8분의 6박자는 8분음표가 기준이 되므로, 8분음표가 1박이 된다는 것에 유의하여 지도한다.

TIP

※ 8분의 6박자의 다양한 리듬꼴을 다양하게 만들어보기 위해 학생들이 교사의 리듬을 모방하는 것부터 직접 즉흥적으로 변형해보는 활동까지 연결하여 지도한다.

※ 리듬 연주는 리듬막대가 있다면 리듬막대로 하고, 없다면 박수나 책상 치기 등도 가능하다.

● $\frac{6}{8}$박자 리듬 꼬리잇기

- 교사가 8분의 6박자 음악 또는 메트로놈에 맞추어 리듬 묻기를 하면 학생 전체는 교사의 리듬에 그대로 답하는 활동을 한다.

> 1단계: 교사가 리듬꼴 카드를 제시하며 리듬을 연주하는 방식으로 학생들에게 리듬을 묻고, 학생들은 리듬꼴 카드를 보면서 음악에 맞춰 리듬을 연주한다.
> 2단계: 리듬꼴 카드의 일부분을 가린 뒤 교사가 리듬을 연주하면 학생들은 교사가 연주한 리듬에 그대로 답한다.
> 3단계: 리듬꼴 카드 없이 교사가 리듬을 치면 학생들이 리듬을 그대로 기억하며 답한다.

- 교사가 8분의 6박자 음악 또는 메트로놈에 맞추어 한 마디의 리듬을 연주한 뒤, 학생들을 순차적으로 지목하여 즉흥적으로 리듬을 이어나가도록 한다. 학생 한 명이 즉흥적으로 하나의 리듬꼴을 연주하면 모든 학생들이 그 학생의 연주를 따라 하고, 그다음 지목된 학생이 다른 리듬꼴을 즉흥적으로 연주하는 방식으로 진행한다.

TIP

※ 리듬 꼬리잇기 활동은 교사의 리듬 묻기에 그대로 답하는 형식부터 교사의 리듬
에 학생들이 꼬리를 이여 즉흥적으로 리듬을 만들어나가는 활동이다. 이 활동
에서 교사는 학생들이 간단한 6/8박자의 리듬을 창작할 수 있도록 학생 한 명 한
명에게 리듬을 묻는다. 학생들이 자신감 있게 리듬을 창작할 수 있도록 허용적인
분위기를 조성하고 6/8박자의 신나는 배경음악을 통해 학생들의 흥미를 높이도
록 한다.

※ 활동 시 손뼉 치기, 책상 치기, 발 구르기 등 신체 타악기를 활용한다.

♫ 조직하기

● **젓가락 행진곡의 메인 주제 연주하기**

- 실로폰으로 젓가락 행진곡의 메인 주제를 연주해본다.

|그림 Ⅲ - 7| 젓가락 행진곡 메인 주제

TIP

※ 교실을 분단 단위로 나누어 한 분단은 젓가락 행진곡의 반주를 연주해도 좋다.

● **젓가락 행진곡 리듬 꼬리잇기**

- 젓가락 행진곡의 메인 주제를 교사가 자유롭게 변형하면 학생들도 교사
의 리듬을 따라 연주하다가 조금씩 교사의 리듬을 변형해본다.
- 젓가락 행진곡의 메인 주제를 먼저 교사가 리듬으로 연주하면 학생들은
한 명씩 꼬리를 이어 즉흥적으로 리듬을 변형해본다.

● **젓가락 행진곡의 메인 주제 변형 따라하기**

- 교사가 먼저 실로폰으로 젓가락 행진곡의 리듬을 변형해서 네 마디 연주
하면 학생들이 다섯 번째 마디부터 따라 연주한다.

|그림 III - 8| 활동 예시

▶ 악곡에서 변형한 하나의 리듬꼴을 그대로 적용하여 끝까지 연주한다.

▶ 네 마디 단위로 네 마디는 즉흥연주자가 혼자 연주하고, 나머지 네 마디
는 모두 함께 연주한다.

♫ 산출하기

● 젓가락 행진곡 리듬 즉흥 변주하기

- 리듬 꼬리잇기 활동처럼, 교사가 학생을 지목하면 그 학생이 리듬을 즉흥
적으로 변형하여 네 마디 연주하고 다른 학생들은 나머지 네 마디를 따
라 연주한다.

TIP

※ 젓가락 행진곡의 메인 주제와 가락 자체가 창작 틀이 된다.

※ 배운 내용을 떠올리며 적용해볼 수 있도록 격려하며 허용적인 분위기를 조성한다.

※ 순환하면서 반주를 하는 분단을 정해도 좋다.

♫ 정리하기

● 소감 나누기

- 내가 만든 가락을 친구들과 함께 연주한 기분이 어땠는지 이야기 나눈다.

▶ 젓가락 행진곡에서 내가 만든 가락은 어떤 가락이었나요?

▶ 내가 만든 가락을 친구들과 함께 연주한 기분이 어땠나요?

● 창작 성찰일지 작성
- 창작 성찰일지를 통해 오늘의 활동을 정리한다.

다 시작과 끝이 있는 가락 만들기

학습 목표	같은 모양의 가락과 가락의 계속되는 느낌, 끝나는 느낌을 배우고 나만의 가락을 만들 수 있다.
주요 개념	음의 높고 낮음, 다양한 소리의 어울림, 형식
지도 전략	창작을 위한 틀 제공하기 개념과 연계한 창작 수업 설계하기

♫ 느끼기

● 같은 모양의 가락을 가진 음악 들어보기
- 파헬벨의 캐논(Canon)을 듣고, 가락의 특징을 생각해본다.

● 가락의 계속되는 느낌과 끝나는 느낌 느껴보기
- '나비야', '학교종이 땡땡땡'의 가락을 들어본다.
- 제재곡에서 같은 모양의 가락을 찾아본다.
- 각 동요의 4마디와 8마디에 주의를 기울여 다시 한번 들어보고 무엇이 다른지 생각해본다.

TIP

※ 악보 등 시각 자료를 병행하여 제시하면 학생들이 더 쉽게 이해할 수 있다.

♫ 탐색하기

● 같은 모양의 가락 찾기
- '같은 모양, 같은 진행의 가락' 개념을 배우고, 음악 교과서에서 같은 모양의 가락을 찾아 형광펜으로 표시한다.
▶ 같은 모양의 가락(동형진행)은 동일한 가락이 다른 음높이에서 반복되는 것을 말한다.

▶ 음악의 주제를 전개시켜 나갈 때 동형진행으로 가락을 전개하는 경우가 많다.

|그림 III - 9| 같은 모양의 가락 예시

TIP

※교과서에서 찾은 같은 모양의 가락이 어떤 흐름으로 진행되는지 노래를 불러보거나 직접 연주하면서 탐색한다.

● **계속되는 느낌, 끝나는 느낌의 조건 찾아보기**

- '학교종이 땡땡땡'의 4마디와 8마디의 가락을 바꾸어 연주한 뒤, 느낌이 어떻게 다른지 생각해본다.

- 8마디로 이루어진 동요를 듣고 네 번째 마디의 공통점을 찾아본다.

- 8마디로 이루어진 동요를 듣고 여덟 번째 마디의 공통점을 찾아본다.

▶ 종지(cadence)란 악절이나 악곡을 마무리하는 화성진행을 일컬으며, 초등학교 교과서에는 계속되는 느낌과 끝나는 느낌의 가락으로 소개되어 있다. 8마디 곡의 경우 네 번째 마디는 계속되는 느낌으로, 마지막 여덟 번째 마디는 끝나는 느낌으로 만들면 가락의 기승전결이 생겨 자연스러운 진행이 만들어진다. 5도 또는 4도 진행에 해당하는 음정이 마디 끝에 오면 계속되는 느낌을 줄 수 있으며, 으뜸음 또는 1도 화음에 해당하는 음정이 마디 끝에 오면 끝나는 느낌을 줄 수 있다. 다장조의 경우 '솔, 시, 레' 또는 '파, 라, (도)'로 끝나면 계속되는 느낌, 으뜸음인 '도' 또는 '미' 음으로 끝나는 경우 끝나는 느낌을 준다.

TIP

※ 교사가 가락을 직접 연주하면서 네 번째 마디와 여덟 번째 마디가 바뀌기 전과 후의 느낌을 바로 비교할 수 있도록 한다.

※ I-V, V-I의 화음 진행으로 두 마디 단위 선율을 직접 연주해보는 활동을 해볼 수 있다.

🎵 조직하기

● 같은 모양의 가락으로 오선지의 빈 곳을 채워보기
  - 두 마디의 가락을 제시한 악보를 주고, 나머지 두 마디를 같은 모양의 가락으로 채워본다.

|그림 III - 10| 같은 모양의 가락을 만든 예

TIP

※ 배운 내용을 떠올리며 적용해볼 수 있도록 격려하며, 허용적인 분위기를 조성한다.

🎵 산출하기

● 같은 모양의 가락과 계속되는 느낌, 끝나는 느낌을 살려 나만의 가락 만들기
  - 제시된 가락을 같은 모양의 가락으로 진행하다가 네 번째 마디는 계속되는 느낌, 여덟 번째 마디는 끝나는 느낌을 살려 나만의 가락을 만들어본다.

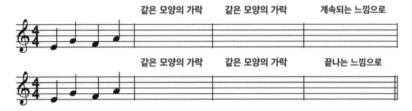

|그림 III - 11| 가락 창작의 틀 예시

※ 배운 내용을 적용할 수 있도록 창작 틀을 제공한다.

※ 가락 형태를 제외하고 네 번째 마디 계속되는 느낌과 여덟 번째 마디 끝나는 느낌을 살려 가락을 만들어보는 활동을 먼저 해도 좋다.

※ 자신이 만든 가락을 직접 듣고 확인하며 수정할 수 있도록 악기 등의 도구를 함께 제공한다.

♫ 정리하기

● 나만의 가락 발표
- 내가 만든 가락을 리코더로 연주하며 발표한다.
- 친구들의 발표를 감상하며 상호 피드백한다.
▶ 친구가 만든 가락은 어땠나요?
▶ 끝나는 느낌을 더 잘 살려주려면 어떤 가락으로 마무리되는 것이 좋을까요?
▶ 친구들과 피드백 나눈 내용을 바탕으로 오늘 만든 가락을 수정해 봅시다.

● 창작 성찰일지 작성
- 창작 성찰일지를 통해 오늘의 활동을 정리한다.

라 나만의 실감 나는 효과음 만들기

학습 목표	장면을 설정하고 그 장면에 어울리는 다양한 소리를 탐색하여 발표할 수 있다.
주요 개념	목소리, 물체 소리, 타악기의 음색
지도 전략	느낌을 음악적 언어로 표현하기 다양한 표현 방법 활용하기 자신의 창작 활동을 돌아보는 시간 가지기

♫ 느끼기

● 소리 퀴즈 맞추기
- 일상 속의 다양한 소리를 듣고 어떤 소리인지 맞춰본다.

● 소리 만들기 미션 수행하기

- 주어진 악기나 주변 사물을 창의적으로 활용하여 침묵의 시간과 침묵이 아닌 시간 만들어보기

미션 :   **침묵과 침묵이 아닌 시간을 만들어라!**

규칙 :   1. 침묵의 시간 동안에는 침묵을 지켜야 한다.
         2. 종소리가 들리면 침묵의 시간이 끝난다. 어떤 소리를 내도, 어떤 도구를 활용해도 좋다.
         3. 다시 종소리가 들리면 침묵의 시간이 찾아온다.

재료 :   목소리, 탬버린, 캐스터네츠, 리듬스틱, 실로폰, 멜로디언, 틱톡블럭, 귀로, 레인스틱, 그 외 모든 것

|그림 III - 12| 미션 예시

TIP

※ 소리 퀴즈 맞추기 활동 시 눈을 감고 소리에만 집중할 수 있도록 한다. 소리는 된 장국이 끓는 소리, 도마에 칼질하는 소리, 자동차 경적소리, 교실의 소리 등 다양한 일상의 소리를 들려준다.

♫ 탐색하기

● 장면 설정하기

- 특정한 장면을 설정하고, 장면 속에서 등장할 소리, 효과음을 머릿속으로 상상해본다.
- 효과음의 기능과 근거에 대해 이야기 나눈다.

● 소리 재료 탐색하기

- 장면에 등장하는 소리가 어떤 소리인지 활동지에 적어본다.
- 소리를 어디에서 찾았는지 활동지에 적어본다.
- 내가 만들고자 하는 효과음을 어떻게 만들 수 있는지 생각한 후 활동지에 적어본다.

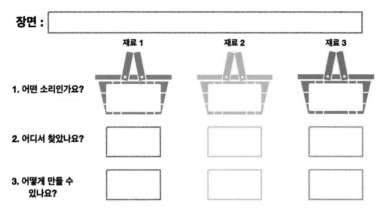

|그림 III - 13| 소리 재료 탐색 활동지 예시

TIP

※ 장면 설정에 어려움을 겪는 학생의 경우 교사가 다양한 예시를 칠판에 제시하여 참고할 수 있도록 한다.

※ 탐색 과정은 최대한 자유롭게, 상상력을 동원하여 할 수 있도록 한다.

♫ 조직하기

● 소리 재료 모으기

- 탐색하기 단계에서 구상한 바를 토대로 소리를 찾고, 각자 원하는 방식으로 구현해본다. 소리를 만드는 다양한 방법으로 사물이나 악기 혹은 목소리를 이용하여 직접 연주하기, 원하는 소리를 녹음하기, 기존의 디지털 음원 추출하기 또는 애플리케이션을 이용해 효과음 만들어 추출하기 등이 있다.

TIP

※ 효과음의 성격을 고려하여 재료를 탐구하고 효과음 내의 작은 부분을 연결하여 근거를 설정할 수 있도록 안내한다.

♫ **산출하기**

● **작품 완성하기**

- 모은 소리 재료들을 토대로 효과음을 완성한다.

▶ 활동 예시

* 만들고 싶은 소리: 비오는 날의 바람 소리
 -소리 재료1 : 부채
 -소리 재료2 : 액체괴물
 -소리 재료3 : 나의 손
* 소리를 만드는 방법 : 비 오는 느낌을 살리기 위해 액체괴물을 만지면서 동시에 부채질을 하여 실시간으로 녹음한다.

학생 작품 예시

오디오 · 00:11

녹음 (15)

부채질하는 소리로 바람 소리를 만들었고,
약간 비오는 느낌을 위해 액체괴물을 사용
했어요~!!

|그림 III - 14| 효과음 만들기 활동 예시

`TIP`

※ 소리를 찾고 구현하는 과정은 시간을 충분히 제공하기 위해 과제로 제시하는 것도 가능하다.

● **발표하기**

- 장면을 설명하면서 자신이 만든 소리를 들려준다.

(발표는 각자 준비한 방법으로 자유롭게 한다)

▶ Padlet 발표 활동 예시

- 발표 방법: Padlet에 자신이 만든 소리를 공유하고 친구들의 소리를 들어보며 댓글로 피드백하기
- Padlet 화면

|그림 III - 15| Padlet 발표 활동 예시

- 발표를 들을 때 친구들이 어떤 효과음을 만들었는지, 그 소리를 어떻게 만들었는지에 주의를 기울인다.

TIP

※ 발표를 할 때 자신이 설정한 장면에 해당하는 사진 자료를 TV 화면에 띄우면 효과적이다.

♫ 정리하기

● **감상 나누기**
- 친구들의 발표에 대한 감상을 나누며 상호 피드백한다.
- 동료 피드백을 바탕으로 개선하고 싶은 내용을 정리한다.
● **창작 성찰일지 작성**
- 창작 성찰일지를 통해 오늘의 활동을 정리한다.

마 Mission Possible! 문제를 해결하여 새로운 음악 만들기

학습 목표	제시된 악보와 음원을 분석하여 나만의 새로운 음악으로 만들어 연주할 수 있다.
지도 전략	개념과 연계한 창작 수업 설계하기 느낌을 음악적 언어로 표현하기 개별활동과 모둠활동 적절히 활용하기 다양한 표현 방법 활용하기 자신의 창작 활동을 돌아보는 시간 가지기
자료	미션으로 제공할 4~8마디 음악 예) 특정 악기의 볼륨이 지나치게 크거나 작은 음악, 리듬과 가락이 맞지 않은 음악, 가락끼리 화음이 맞지 않은 음악 등

♫ 느끼기

● **무엇이 문제인가?**

- 무언가 맞지 않는 음악을 들어보며 어떤 것을 수정하면 좋을지 발표한다 (제시할 수 있는 음악의 예: 특정 악기의 볼륨이 지나치게 크거나 작은 경우, 리듬과 가락이 맞지 않는 경우, 가락끼리 화음이 맞지 않는 경우 등).

♫ 탐색하기

● **문제 인식하기**

- 교사는 1) 리듬악기의 볼륨이 지나치게 커서 가락이 묻히는 음악, 2) 리듬과 가락의 박자가 맞지 않는 음악, 3) 가락끼리 화음이 맞지 않는 음악을 제시한다. 이때 악보와 음원을 함께 제공한다.
- 각 모둠에서는 악보를 보고 음악을 들으며 문제가 무엇인지 분석하여 활동지에 적는다. 이때 악기를 사용하여 직접 연주해볼 수도 있다.

● **문제 해결 방법 탐색하기**

- 문제를 인식하였다면 각각의 음악을 어떻게 수정하면 좋을지 모둠원과 토의하여 활동지에 적는다.

TIP

※ 악보와 음원을 함께 제시하고, 리듬을 직접 연주해볼 수 있는 각종 타악기와 가락
을 연주할 수 있는 멜로디언, 실로폰을 제공한다.

♫ 조직하기

- **분석한 내용으로 새로운 음악 구상하기**
  - 분석한 내용을 토대로 새로운 음악을 구상한다. 구상 과정에서는 악기를
    직접 연주하며 악보를 수정한다.

- **음악 정교화하기**
  - 모둠원과 토의를 통해 구상한 음악을 성찰하고 수정하며 정교화한다.
  - 발표를 연습한다.

♫ 산출하기

- **최종 결과물 만들기**
  - 최종적으로 음악을 완성한다.

- **발표하기**
  - 제시된 음악을 어떻게 수정했는지 발표하며 새롭게 만든 음악을 학급 친
    구들 앞에서 연주한다.

- **감상하기**
  - 친구들의 발표를 들으며 우리 모둠과 어떤 점이 같고, 어떤 점이 다른지
    분석한다.

* 심사위원이 되어 심사표 및 심사평을 작성해 봅시다.

이름	음악성	독창성	심사평
	☆☆☆☆☆	☆☆☆☆☆	
	☆☆☆☆☆	☆☆☆☆☆	
	☆☆☆☆☆	☆☆☆☆☆	
	☆☆☆☆☆	☆☆☆☆☆	

|그림 III - 16| 감상평 나누기 활동 예시

♫ 정리하기

● 감상 나누기

- 다양한 음악 표현방식에 대한 느낌과 감상평을 나눈다.

▶ 1모둠이 발표한 음악은 수정하기 전의 음악과 어떤 점이 다르게 느껴지나요?

● 창작 성찰일지 작성

- 창작 성찰일지를 통해 오늘의 활동을 정리한다.

바 오늘은 내가 음악감독

학습 목표	하나의 이야기를 정해 이야기에 어울리는 효과음 및 배경음악을 창작하여 음악극 영상으로 만들 수 있다.
활용한 전략	개념과 연계한 창작 수업 설계하기 느낌을 음악적 언어로 표현하기 개별활동과 모둠활동 적절히 활용하기 다양한 표현 방법 활용하기 다양한 형태로, 구체적인 피드백 제공하기 자신의 창작 활동을 돌아보는 시간 가지기

앞선 수업들이 특정 전략을 대표적으로 활용한 수업이었다면 '오늘은 내가 음악감독' 수업은 일곱 가지 전략을 총체적으로 활용하는 국어, 음악, 미술의 교과 간 융합 수업이다. 이 수업은 학급 장기 프로젝트 수업이다. 학급 회의를 통해 음

악극으로 제작할 이야기를 정한 뒤, 이야기의 구간을 나눠 각 모둠에게 분배한다. 각 모둠에서는 맡은 구간의 1) 대본 작성, 2) 해당 부분에 필요한 배경음악 구상, 3) 음악 창작, 4) 이야기와 어울리는 소품, 배경 제작, 5) 음악극 영상 촬영을 하고, 최종적으로 모든 모둠의 영상을 합쳐 학급의 음악극을 완성한다.

차시	학습 내용	비고
1	학급 회의를 통해 이야기 선정하고 구간 나누기	
2	극본의 구성요소를 살려 모둠별 음악극 대본 작성하기	국어 교과 통합
3-4	이야기의 배경음악 및 효과음 구상하기	
5-6	배경음악 및 효과음 만들기 * 음악 창작 지원 프로그램(SoundTrap, Chrome Music Lab 등) 활용	
7-8	이야기와 어울리는 소품, 배경 제작하기	미술 교과 통합
9-10	음악극 영상 촬영하기	
11	학급 음악극 감상하기	

♫ 느끼기

- **이야기에 어울리는 배경음악 탐색하기**
  - Youtube를 통해 다양한 배경음악을 들어본다.
  - 모둠원과 음악을 공유하고 감상을 나누며 창작 활동을 준비한다.

    TIP

    ※ 수업 장소는 Wi-fi가 연결되어있는 교실에서 태블릿 PC를 활용하거나 학교 컴퓨터실을 활용한다.

♫ 탐색하기

- **음악극 배경음악 및 효과음 스케치하기**
  - 배경음악 및 효과음을 자유롭게 발상한다.

- **음악극 배경음악 및 효과음 구상하기**
  - 생각한 내용을 모둠원과 토의하며 정리한다.

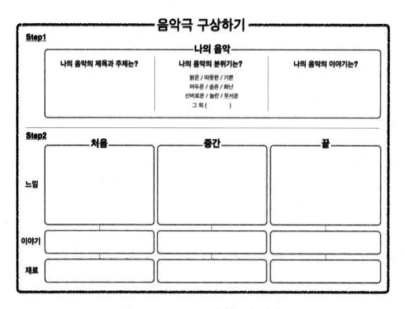

|그림 III - 17| 구상 활동지 예시

● **음악 만들기 도구 탐색하기**
- 음악을 만들기 위해 활용할 도구를 탐색한다. 애플리케이션을 활용하여 음악을 만들거나 소리를 녹음하여 편집하는 것 모두 가능하다.

♫ 조직하기

● **배경음악 및 효과음 표현하기**
- 각 모둠에서 원하는 방법을 선택하여 배경음악을 만들고 효과음을 표현한다.

> [효과음 만들기 예]
>
> 1. 동굴 속 바람 소리 만들기
> - 집에서 준비해온 손 선풍기를 강풍으로 작동시킨 뒤 수돗가에서 물방울을 떨어뜨리는 소리를 함께 녹음하여 표현한다.
> 2. 동물들이 흙에서 뛰는 소리 만들기
> - 운동장에서 직접 뛰어가는 소리를 녹음한 뒤 여러 번 동시에 재생하여 표현한다.
> *도구: 음성녹음 프로그램

[배경음악 창작 예]

*도구: 사운드트랩(음악 창작 프로그램)

1. 배경음악에 쓰일 신나는 리듬 만들기

- 사운드트랩 그룹 프로젝트 창을 열고 모둠원과 드럼 중 어떤 악기를 선택할지 토의한다.
- 악기를 선택한 뒤, 실시간으로 자신이 만든 음악을 공유하며 함께 리듬을 만들어본다.

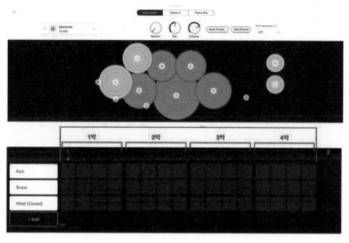

|그림 III - 18| 사운드트랩 드럼 인터페이스

2. 슬픈 음악 창작

- 사운드트랩 그룹 프로젝트 창을 열고 모둠원과 슬픈 음악에 어울리는 템포를 토의한 뒤 어울리는 악기를 선택한다.
- 악기를 선택하여 실시간으로 토의하며 함께 가락을 만들어본다.

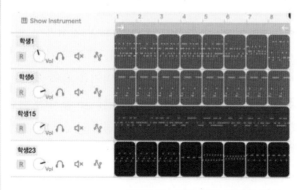

학생 작품 예시

|그림 III - 19| 창작 결과물 예시

♫ 산출하기

- **음악 정교화하기**
  - 모둠원과 토의를 통해 음악을 수정하고 정교화한다.

    TIP

    ※ 모둠원끼리 배경음악 팀, 효과음 팀으로 역할을 분담해서 구상하는 것도 가능하다. 하지만 마무리는 반드시 모두가 회의를 통해 의견 공유 및 합의 과정을 거친다.

    ※ 배경음악 및 효과음을 만드는 방법은 각 모둠에서 원하는 방법을 선택하도록 한다(노래부르기, 악기 연주하기, 디지털 매체를 이용하여 표현하기 등).

    ※ 교사는 모든 모둠원이 '함께' 의견을 나누며 '함께' 만들어나가는 과정임을 강조한다.

    ※ 교사는 활동별 시간을 적절히 분배하여 활동 안내와 갈등 중재 역할을 한다. 그 외 창작 과정에서의 규칙 등은 각 모둠에서 스스로 정하여 진행한다.

- **음원파일 만들기**
  - 정교화된 음악을 하나의 음원파일로 만들어 완성한다. 노래를 부르거나 악기를 연주하여 표현했다면 녹음파일로 만들고, 디지털 매체를 이용하여 표현했다면 mp3파일로 추출하여 음원파일로 만든다.

♫ 정리하기

- **창작 성찰일지 작성**
  - 창작 성찰일지를 통해 오늘의 활동을 정리한다.

[참고자료] 창작을 도와주는 다양한 애플리케이션 활용하기

음악 창작 수업에서의 테크놀로지 활용은 제한된 교실 환경에서 이루어지는 창작 수업의 한계점을 극복하는 데 많은 도움을 준다. 예컨대 가상악기 애플리케이션을 통해 학교에서 제공되지 않는 여러 종류의 악기를 음악 창작에 활용할 수 있다. 또한 학생 스스로 자신이 창작한 결과물을 만듦과 동시에 직접 들어볼 수 있으므로 즉각적인 피드백이 가능하며, 창작물의 공유도 손쉽게 이루어진다. 이러한 기능을 통하여 교사가 학생들에게 피드백을 해주는 시간도 단축되어 한 명의 교사가 여러 명의 학생에게 피드백하는 데에도 용이하다. 즉, 테크놀로지를 활용하는 것은 교실에서 이루어지는 창작 수업에 효과적인 흥미 유발 도구이자 전략이 될 것이다.

아래에서는 음악 창작 수업에 활용하면 좋을 애플리케이션을 간단히 분류하여 소개하고자 한다.

(1) 소리를 구현함과 동시에 기록이 되는 애플리케이션

App	활용 및 장·단점
 Hum On	• 허밍하면 소리를 디지털화하고, 악보로 추출 가능 • 기보법을 몰라도, 정확한 음높이와 음표의 길이를 알지 못해 악보에 적지 못해도 허밍으로 녹음을 하면 나의 멜로디에 여러 버전의 반주를 추가해주기 때문에 가락 창작 활동 또는 창작 수업에 대한 흥미 유발에 도움이 된다. • 허밍으로 녹음한 선율을 정확한 음정과 리듬으로 받아들이지 못한다는 한계가 있으나 악보로 편집 및 추출하는 기능이 있다. • Android에서만 제공
 NotateMe Now	• 악보를 촬영하면 디지털화해주는 애플리케이션 • 악보를 사진으로 찍으면 디지털화되어 악보가 그려지고 음악 재생이 가능하다. • 일반 기보 프로그램으로도 사용이 가능하다는 점에서도 창작 수업 시 유용하게 사용할 수 있다.

|표 III - 5| 소리 구현 및 기록 애플리케이션

(2) 가상악기 애플리케이션 또는 프로그램

가상악기를 연주하여 음을 들어보면서 직접 기록할 수도 있고, 애플리케이션에 직접 연주하고 녹음하여 기록할 수 있기 때문에 자유롭게 발상할 때 활용하면 좋다. 다만, 아래의 애플리케이션의 경우 한 번 녹음해서 완성된 음원을 수정하는 것은 불가능하고, 수정을 원하는 경우 다시 녹음해야 한다는 제한점이 있다.

App	활용 및 장·단점
가상 피아노 건반	**가상악기 - 건반** • 88개의 피아노 건반과 페달 기능으로 피아노 건반을 터치하면 해당하는 음의 피아노 소리가 난다. • 창작 수업 시 애플리케이션으로 연주하면서 즉각적으로 음을 들어볼 수 있다는 점에서 유용하게 사용 가능하다.
DPM	**가상악기 - Drum Pad** • Drum Pad Machine 형태로, 다양한 드럼 소리를 손쉽게 연주 및 녹음할 수 있다. • 22단계의 튜토리얼이 있어 애플리케이션 활용방법을 쉽고 재미있게 알 수 있으며, 리듬 학습에도 도움이 된다. • 레코딩 후 오디오파일로 음원을 추출할 수 있어 리듬 창작 활동에 유용하게 활용 가능하다.
Gugak	**가상악기 - 국악기** • 거문고, 세피리, 향피리, 태평소, 양금, 단소, 산조대금, 정악대금, 소금, 훈 등 한국의 전통악기를 종류별로 연주할 수 있는 애플리케이션이다. • 각 악기별로 지공을 터치하거나, 현을 터치하면서 소리를 조절하여 연주할 수 있으므로 국악기 학습 및 국악기를 활용한 창작 활동에 사용 가능하다.

|표 III - 6| 가상악기 애플리케이션

(3) 음악을 제작할 수 있는 창작 목적의 애플리케이션[Q6]

앞서 소개한 애플리케이션도 음악을 제작하는 데 활용 가능하지만 지금 소개하는 애플리케이션은 음악적 아이디어를 발상하는 것뿐만 아니라 다양한 악기를 쌓아올리고 수정 및 보완하여 음악을 제작할 수 있는 창작 목적의 애플리케이션이다.

App	활용 및 장·단점
AutoRap	**랩 창작** • 원하는 문장을 말하고 원하는 비트를 고르면 자동으로 랩으로 만들어준다. • 사용법도 어렵지 않고 결과물의 완성도가 높아 학생들이 굉장히 좋아한다. 가사 만들기 활동, 랩 만들기 활동에 활용하기 좋은 애플리케이션이다.
Band Lab	**음악 창작** • iOS와 Android 모두 지원하는 애플리케이션으로 짧은 음원 소스를 활용하여 음악을 편집하거나, 다른 사람이 공유한 음악을 재구성하여 간편하게 자신의 음악을 만들 수 있기 때문에 창작 경험이 많지 않아도 쉽게 접근할 수 있다. • 자신이 만든 음악을 다른 사람들과 공유할 수 있는 커뮤니티 또한 동기유발 요소 중 하나이다.
Walk Band	**음악 창작** • 스마트 기기에 맞게 일련의 악기 시뮬레이터이며 키보드, 베이스, 기타, 드럼 패드 및 드럼 머신 등의 악기를 직접 시뮬레이션해 볼 수 있으며 직접 연주하여 레코딩할 수 있다. • 멀티 트랙 녹음 기능을 지원하여 창작 및 악기 합주 활동에 유용하게 활용 가능하다. • Android만 지원하는 애플리케이션이다.
Garage Band	**음악 창작** • 개러지밴드는 키보드(피아노, 오르간, 신시사이저), 드럼, 앰프, 현악기, 베이스, 기타, 비파 등의 악기를 터치 방식으로 구현한 애플 소프트웨어로, 작곡부터 연주까지 다양한 음악 관련 창작 기능을 수행한다. • 라이브 루프(live loops)가 다양하게 탑재되어 있어 탭만으로도 간단하게 음악을 만들 수 있다. • 곡을 함께 만들고 있는 다른 구성원과 만든 내용을 주고받을 수 있다. • iOS만 지원하는 애플리케이션이다.
Sound Trap	**음악 창작** • Walk band, Garage band와 같은 음악 창작이 가능한 애플리케이션이지만, 다른 점이라면 웹 기반 프로그램이라는 점과 교육용 기능이 탑재되어있다는 점이다. • Android, iOS 모두 지원되는 유료 프로그램이다. • 웹 기반의 애플리케이션이기 때문에 사운드트랩에 학생의 계정을 등록하면 학교 환경에서 편리하게 활용 가능하다. • 콜라보레이션 기능이 있어서 모둠 창작 활동이 용이하고 교사가 모든 학생들의 창작물에 실시간 피드백이 가능하다는 장점이 있다.

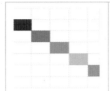 Chrome Music Lab-Melody Maker	음악 창작 • 위의 애플리케이션들과는 달리 웹에서만 지원되는 무료 프로그램이다. • 간단하게 가락을 만들고 소리를 들어볼 수 있다. 템포 조절이 가능하고, 화음을 쌓을 수는 없다. • 처음 가락을 만들어보는 활동에 활용하면 유용할 것 같다.
  Chrome Music Lab-Song Maker	음악 창작 • 간단한 음악 창작이 가능한 프로그램이고, Melody Maker와 같이 Chorme Music Lab 안에 들어있는 웹 기반 무료 프로그램이다. • Walk band, Garage band, Sound Trap과 다른 점은 최대 16마디의 음악을 만들어볼 수 있다는 점과 악기별로 가락 레이어를 쌓을 수 없다는 점이다. • 가락을 창작하고, 가락에 어울리는 리듬을 창작하여 가락과 리듬의 합주를 들어볼 수 있다.
  국악놀이터	음악 창작(국악) • 국립국악원에서 교육용으로 개발한 애플리케이션으로, 퀄리티 높은 국악 가상악기와 다양한 교육용 자료를 통해 국악 창작 활동 외에도 다양하게 활용 가능하다. • 장구, 북, 징, 꽹과리 등 사물 악기로 장단 창작 및 합주가 가능하고, 민요의 토리를 활용한 가락 창작, 합주도 가능하다. • 국악원 커뮤니티를 활용하여 다른 학생들이 만든 가락을 듣거나 활용할 수 있다.
Music Maker Jam	음악 창작(즉흥연주) • 믹스팩이라는 기존 음원을 활용하거나, 음악을 바로 녹음하는 기능을 활용하여 쉽게 완성도 있는 음악을 제작할 수 있는 애플리케이션이다. • 화음 개념을 배운 후 창작에 적용하는 활동, 리듬꼴을 직접 만들고 믹스팩을 활용하여 화려한 비트를 만드는 활동, 즉흥연주 활동 등이 가능하다. • 자신이 만든 음악을 저장하고 SNS 등 소셜 네트워크에 공유 가능하다.

|표 III - 7| 창작 지원 애플리케이션 및 프로그램

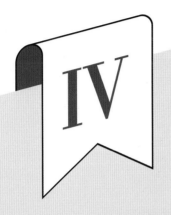

활동이 있는
음악 감상 수업

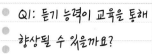

Q1: 듣기 능력이 교육을 통해
향상될 수 있을까요?

Q2: 어떻게 하면 능동적으로
음악을 듣도록 할 수 있을까요?

Q3: 음악 감상 교육에서
배우고 가르쳐야 할 핵심적인
내용은 무엇인가요?

Q4: 음악 감상곡은
어떻게 선정해야 하나요?
음악 감상곡에 K-Pop이
포함되어도 되나요?

Q5: 음악 감상 평가는
어떻게 해야 할까요?

Q6: 음악 감상문을 쓰는
것이 음악 감상 능력 향상에
도움이 될까요?

Q7: 음악 감상이 학생들을
보다 나은 삶을 살아가는 데
어떠한 도움을 줄 수 있을까요?

Q1 음악 듣기는 발달할 수 있고, 발달해야 하는 능력이다. 능동적이면서 창의적으로 들을 수 있도록 돕는 것에 주안점을 두는 것이 중요하며, 이를 통해 듣기 능력이 향상될 수 있다.

Q2 능동적으로 듣도록 하기 위해서는 우선 감상의 초점을 제시하여 새로운 것을 발견하며 듣도록 이끄는 것이 필요하다. 또한 신체표현하기, 그림으로 표현하기, 연주하기 등 다양한 활동과 연계하는 것이 도움이 된다. 듣기 활동은 심동적, 시각적, 청각적 감각과 관련된 것으로 다감각적 접근이 필요하다.

Q3 음악 감상 교육을 통해 배우고 가르쳐야 할 핵심적인 내용은 음악적 지식과 음악 외적 지식이다. 즉, 음악을 구성하는 음악적 요소들을 구별하여 알아들음으로써 의미를 파악하도록 하는 한편 악곡의 다양한 맥락과 배경을 이해하도록 하는 것이 음악 감상 교육의 핵심이라고 하겠다.

Q4 나이나 학년에 따라 짧은 곡에서 긴 곡으로, 묘사음악, 행진곡, 춤곡과 같이 구체적인 것을 표현한 음악에서 추상적인 것을 표현한 음악으로 나아가는 것이 일반적이다. 그러나 어떤 곡을 선택하는가보다 목표가 무엇이며 어떠한 활동전략을 선택하는가가 더 중요하다. 즉, 같은 음악도 학년에 따라 다르게 접근할 수 있는 것이다. 여기에는 K-POP 또한 포함될 수 있다.

Q5 음악 감상 평가는 보이지 않는 소리를 보이는 움직임으로 표현하거나 글로 표현하는 것 등을 통해 이루어질 수 있다. 이때의 초점은 음악을 대하는 관점과 실제 들은 것의 이해에 두도록 한다.

Q6 음악 감상문을 쓰는 것은 느낌을 구체화하는 것에 도움을 준다. 처음에는 막연하게 좋거나 싫다, 신난다고 대답할지라도, 차츰 음악의 어떠한 요소가 그러한 느낌을 주는지에 대해 근거를 갖고 생각할 수 있는 능력을 키워준다. 이는 자신의 음악적 취향과 가치 및 판단의 기준을 세워가는 과정이 될 것이다.

Q7 음악 감상은 학생들이 청감각을 일깨우고, 인간의 감정을 공감하게 하고, 아름다움을 경험하게 한다.

01 음악 감상 교육, **왜** 해야 할까요?

음악 감상은 노래, 악기 연주, 움직임, 창작 등 모든 음악적 활동의 바탕이 되는 것으로써, 음악적 감수성뿐 아니라 자신과 타인, 여러 상황에 대한 감수성을 세련시키고, 아름다움을 감지하고 수용할 수 있는 기초를 마련해준다. 즉, 음악 감상 교육은 음악적 지각-반응력을 통해 음악성의 토대를 마련하는 과정일 뿐 아니라 인간과 세계를 보다 예민하게 감지하고, 보다 깊게 이해할 수 있는 역량을 기르는 과정이라 할 수 있다.

가 음악 감상 교육의 지향점

첫째, 경청(deep-listening)하는 태도를 함양한다. 집중력과 통찰력을 갖고 경청하는 능력은 모든 배움과 관계의 기초가 된다. 음악 소리에 대한 호기심, 음악 자체의 아름다움에 이끌려 귀 기울여 듣는 경험은 어떤 사물이나 다른 존재에 몰입하는 것, 자신을 벗어나서 대상에 초점을 맞추는 경청의 태도로 이어질 수 있다.

둘째, 자신과 타인의 내면을 깊고 폭넓게 공감하고 이해할 수 있는 감수성을 발달시킨다. 음악을 통해 인간을 이해하고 통찰할 수 있는 가능성은 근본적으로 음악과 인간 내면의 감정이 비물질성, 시간성, 역동성이라는 특성을 공유하기 때문이다. 이로 인해 말로 다 표현할 수 없는 내면의 흐름이 음악을 통해 파악될 수 있고, 음악은 인간을 이해하는 다양한 인식 방법의 하나가 된다.

셋째, 아름다움을 추구하는 인간을 기른다. 일단 아름다운 음악을 들으면 감각적으로 즐겁다. 그리고 나를 벗어나서 그 대상을 향하게 한다. 아름다움이란 그 자체가 지닌 매력에 빠져들게 하여, 이 과정에서 느끼는 즐거움을 통해 외적으로 강제하지 않아도 대상 자체를 향하도록 하는 힘을 갖고 있다. 여기서 의미를 조금 더 발전시키면, 어떤 이익이 없어도 그 자체를 추구하는 경험을 하게 되는 것이고, 무엇보다 아름다움이 존재한다는 것, 그 아름다움이 참 좋다는 것을 경험하는 것은 살아가면서 주변을 아름답게 만드는 동력을 제공한다.

|표 Ⅳ - 1| 음악 감상 교육의 지향성

나 음악 감상 교육의 과제

첫째, 능동적으로 귀 기울여 듣도록 한다. 우리는 다양한 맥락에서 여러 방식으로 음악을 듣는다. 도처에서 흐르는 음악을 스쳐듣기도 하고, 강한 비트에 따라 몸을 흔들며 듣기도 하고, 감정에 빠져 듣기도 한다. 이러한 음악 듣기의 공통점은 수동적인 듣기로 별도의 배움 없이 거의 누구나 할 수 있고 또 하고 있는 방식이라는 것이다. 반면, 귀 기울여 듣기는 수동적인 것에서 능동적인 것으로 듣는 태도가 바뀌는 지점, 비로소 음악 감상을 통한 의식적 배움이 시작되는 지점이라 할 수 있다. 따라서 다양한 전략과 안내를 통해 학생들이 능동적으로 감상하도록 이끄는 것이 필요하다.

둘째, 귀 기울여 듣기를 통해 음악적 내용과 음악 외적 내용을 알아듣도록 한다. 음악적 요소를 구별하면서 음악적 지식을 형성하고, 음악을 둘러싼 다양한 맥락적 지식을 넓혀가도록 한다.

셋째, 알아듣기를 통해 음악적 의미를 파악하고 통찰하도록 한다. 음악적 내용과 음악 외적 내용을 이해하는 것은 음악이 건네는 말, 음악이 전달하는 메시지의 의미를 파악하도록 하기 위함이다.

이러한 과정을 통해 음악 감상 교육이 잘 이루어졌을 때, 학생들이 자신의 삶속에서 타인의 소리와 자신의 내면의 소리를 들으며 살아갈 수 있는 가능성이 생긴다. 예를 들어, 슬픔을 아름답게 형상화시킨 음악을 들으면서 나만 슬픈 것이 아니며 다른 사람도 슬프다는 것을 인식하고, 인간이 보편적으로 느끼는 슬픔을 공유함으로써 자기 연민이나 자아도취에서 벗어나 보다 넓은 지평에서 타인의 소리를 들을 수 있다. 또한 음악을 통해 표면적인 감정 너머 바쁜 생활 속에서 잊고 있었던 심층의 내면과 마주하고, 깊은 곳에서 울려오는 자신의 소리에 귀를 기울일 수 있을 것이다.

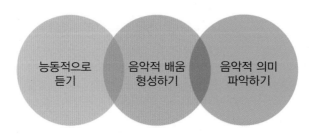

음악적 경험

|표 IV - 2| 음악 감상 교육의 과제

음악 감상 수업, **어떻게** 해야 할까요?

가 음악 감상 수업의 흐름

음악 감상 수업은 크게 다음의 3가지 단계로 나누어 볼 수 있다.

감각적으로 감지하며 듣기	분석적으로 인지하며 듣기	전체적으로 배움 다지며 듣기

|그림 IV - 3| 음악 감상 수업의 흐름

첫째, 감각적으로 감지하며 듣기 단계에서는 직관적으로 듣고, 연상하거나 상상하면서 듣고, 정서적으로 반응하면서 듣게 된다. 여기에서 중요한 것은 학생들이 어디에 초점을 맞추어 감상을 할 것인지에 대해 안내하여 능동적으로 음악을 알아들을 수 있는 준비를 시켜주는 것이다. 감각적으로 듣되 교사가 제시한 초점에 맞추어 듣도록 하는 것이 필요하며 감상 후 들은 점, 느낀 점, 생각한 점, 궁금한 점 등을 간단하게 나누는 활동을 하도록 한다.

둘째, 분석적으로 인지하며 듣기 단계에서는 부분적으로 들으면서 리듬, 가락, 화성, 형식 등 음악 요소 및 개념, 악곡의 구조, 주제별 표현 방법의 차이 등을 탐색하고 이해하도록 한다. 이 단계에서는 악곡의 이해를 돕기 위해 시각자료, 신체표현, 주제 가락 연주하기 등 다양한 전략을 활용할 수 있다.

셋째, 배움 다지며 듣기 단계에서는 부분적으로 수행한 내용을 통합적으로 활동하며 들을 수도 있고, 조용하게 성찰적으로 배운 내용들을 다지며 들을 수도 있다. 또한 같은 주제를 표현한 다른 음악, 같은 작곡가의 다른 악곡 등과 비교 감상하거나 감상곡과 같은 주제로 창작하기 등 배움을 심화시킬 수 있는 활동을 연계할 수 있다.

나 음악 감상 지도 전략

1) 시각 자료 활용하기

시각 자료는 음악 감상을 효과적으로 지도하기 위한 하나의 방안이다. 청각적 형태의 음향이 시각적 형태로 표현된 것은 음 조직과 음악적 흐름을 좀 더 쉽게 인지하고 기억할 수 있도록 돕는다.

|그림 IV - 4| ABA 형식 |그림 IV - 5| 론도 형식

무엇보다 리스닝 맵(Listening map)은 "그림, 도형, 번호 등의 시각적 자료를 활용하여 악곡의 음악적 개념, 구조 등을 표현해놓은 지도"로써, 음악의 흐름이나 악곡의 특징을 파악하는 데 유용하게 활용된다.

예를 들어 [그림 IV-4]의 리스닝 맵은 하이든의 "놀람 교향곡" 2악장 중 주제와 제1변주 부분을 도식화시켜놓은 것으로써, 음의 길이, 음의 높낮이, 셈여림의 변화, 주요 선율 연주 악기, 악곡의 형식, 성부 조직 등을 파악할 수 있도록 구조화되어 있다.

또한 그림 악보를 보면서 듣는 것뿐 아니라 그림 악보 만들기 활동도 할 수 있는데, 그림 악보를 만들 때는 각자 느낌대로 자유롭게 그리는 것이 아니라 음악의 특징을 잘 듣고 최대한 이에 가깝게 표현하도록 하는 것이 중요하다. 무엇보다 그림 악보 만드는 과제를 제시할 때는, 상황에 따라 다르겠지만 너무 길지 않고, 음악적 특징이 뚜렷한 부분을 선정하는 것, 충분히 들어서 특징을 인지한 후 만들어보도록 하는 것이 필요하다.

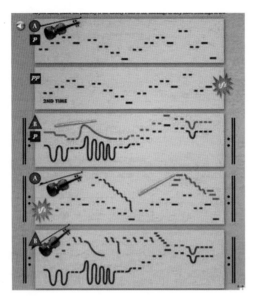

|그림 IV - 6| "놀람 교향곡" 2악장 주제 부분(C. C. Miller & J. Jacobson, 2013)

2) 신체표현하기

리스닝 맵이 음악적 특징을 그림이나 도형으로 표현했다면, 신체표현은 귀로 들은 음악적 특징을 몸으로 표현하는 것이다. 소리가 커지면 동작을 크게 하고 작아지면 작게 하는 것, 음표의 길이를 걸음으로 표현하는 것, 형식의 변화를 동작의 변화로 표현하는 것 등 다양한 방법이 있다. 이와 같은 활동을 하면서 학생들은 보다 능동적으로 자신이 들은 것을 표현할 수 있고, 교사는 학생들이 잘 듣고 있는지를 평가하고 피드백해 줄 수 있다. 신체표현을 활용할 때에는 활동의 목적이 음악을 좀 더 잘 듣고, 이를 잘 표현하도록 돕는 것임을 기억하고, 활동 자체가 음악보다 중요해지지 않도록 주의한다.

[그림 IV-7]는 피아노 또는 리듬악기 리듬에 맞추어 걷는 예시이다.

|그림 IV - 7| 리듬에 맞추어 움직이기

신체표현에 활용할 수 있는 동작은 크게 이동 동작과 비이동 동작으로 나누어 볼 수 있다. 또한 손가락으로 걷기와 뛰기 등을 표현할 수 있으며, 이는 특히 실시간 쌍방향 수업 때 유용하게 활용될 수 있다. 악곡을 듣고 이에 어울리는 신체표현 활동을 할 때, 학생들과 다양한 동작을 탐색한 후 해보도록 한다.

|그림 IV - 8| 비이동 동작/이동 동작

3) 노래와 악기 연주 활용하기

주제 가락에 노랫말을 붙여서 말하기, 노래하기 또는 주제 가락을 악기로 연주하기 등의 활동은 주제를 기억하는 데 도움이 된다. 악곡의 주제를 기억하는 것은 주제의 변화와 반복을 알아차릴 수 있는 초석이 되는 것으로써, 악곡의 형식이나 흐름을 파악하는 데 유용하다.

|악보 IV - 1| 롯시니, 빌헬름 텔 서곡 중 스위스 군대의 행진 주제

|악보 IV - 2| 라벨, 볼레로 주제(리코더로 연주하기)

4) 글로 표현하기

음악의 느낌을 글로 표현하도록 하는 것도 음악에 귀를 기울여 듣도록 하는 전략 중 하나이다. 학생들이 지각하고 느낀 것을 성찰하고 기록하면서 듣기 활동에 참여하며 느낌을 구체화해 가도록 한다. 이러한 과정을 통해 자신의 느낌에 대한 근거를 생각하고, 가치 판단의 기준을 세우면서, 자신의 음악적 취향을 찾아갈 수 있다.

이를 위해서는 꾸준하게 악곡을 듣고 그에 대한 느낌을 적는 훈련을 하는 것이 필요하다. 예를 들어 한 주에 한 곡씩 3~4분 동안 음악을 듣고 들은 점, 느낀 점, 생각한 점, 궁금한 점을 감상일지에 적도록 한다. 이때, 감상곡은 교과서에 제시된 것과 상관없이 학급행사, 계절, 교과와의 관련 등 다양한 상황과 맥락에 따라 선곡할 수 있으며, 곡이 길 경우 일부만 들려줄 수 있다. 이 과정에서는 자칫 음악을 감각적으로 파악한 것과 상관없는 글짓기가 되지 않도록 유의한다.

5) 타교과와 연계하기

음악의 의미를 파악하고 새겨듣기 위해서는 음악적 지식뿐 아니라 음악 외적 지식을 아는 것이 도움이 되며 역사적·사회적 맥락 등 악곡의 배경을 이해할 때 비로소 음악이 건네는 말을 제대로 알아들을 수 있는 경우가 많다. 이를 위해서는 교과 공통 주제를 중심으로 타교과와 연계하면서 음악을 듣는 것이 도움이 된다.

예를 들어, 차이콥스키의 '1812년 서곡'은 러시아가 나폴레옹에게 거둔 승리를 표현한 관현악곡으로 축포 소리, 프랑스 국가, 러시아 민요 등을 통해 전쟁 과정에서 승리의 기쁨을 생생하게 표현한 악곡이다. 따라서 이 곡을 제대로 이해하기 위해서는 러시아 정교 성가(주여, 당신의 백성을 구하소서), 프랑스 국가(라 마르세예즈), 러시아 민요(나의 기쁜 두나이), 리듬과 가락, 셈여림 등 악곡에서 펼쳐지는 음악적 사건과 변화를 알아듣는 것과 함께 1812년에 프랑스가 러시아를 침공했던 역사적 배경을 알고 있어야 한다. 그럴 때 비로소 악곡 중간에 러시아 성가나 프랑스 국가, 러시아 민요가 왜 나오는지 이해할 수 있고, 음악을 통해 전달하고자 하는 의미를 보다 깊이 파악할 수 있다.

03 음악 감상 수업, **이렇게** 해보세요!

가 보이지 않는 소리를 보이는 그림으로

감상곡	리하르트 슈트라우스, "차라투스트라는 이렇게 말했다" 중 '해돋이'
학습 목표	그림 악보를 보면서 음악을 감상할 수 있다. 악곡의 특징을 그림 악보로 표현할 수 있다.
주요 개념	음의 높고 낮음, 셈여림, 음색
지도 전략	시각 자료 활용하기 창의적으로 표현하기

★ 감상곡 이해

- 리하르트 슈트라우스(Richard Strauss, 1864~1949): 독일의 작곡가이자 지휘자
- "차라투스트라는 이렇게 말했다" 중 '해돋이': "차라투스트라는 이렇게 말했다"는 니체의 동명 저작에서 영감을 받은 곡이다. 리하르트 슈트라우스는 니체의 책 제목을 음악의 표제로 그대로 사용했을 뿐 아니라 니체의 서문을 악보의 머리에 게재하기도 했고, 니체의 초인이라는 관념까지를 전하려고 하였다. 여기에서 초인이란 고난을 두려워하지 않고 오히려 끌어안는 사람, 그 고난 속에서 자아를 완성하는 사람을 뜻한다. '해돋이'는 이 곡의 서주이다.

♬ 감각적으로 감지하며 듣기

▪ 음악을 들으면서 각자 제목을 정하기
   - 음악을 듣고 각자 정한 제목과 이유를 나눈다.
   예) 빵빠레: 무언가가 등장하는 것 같아서, 감동: 왠지 마음이 뭉클해서, 등장: 누군가 나타날 것 같아서
▪ 악곡의 원제 이야기하기

- 악곡의 원제와 각자 정한 제목의 공통점을 생각해 본다.

예) 처음에 음이 올라가서 누군가 나타날 것 같았다, 음의 세기가 커져서
    웅장한 느낌이 든다 등

♫ 분석적으로 인지하며 듣기

▪ 음악의 흐름 파악하기

 - 그림 악보에 나타난 기호나 그림이 무엇을 나타내는지 생각해보고 이야
   기 나누도록 한다.

▪ 그림 악보를 보며 감상하고 관련된 음악적 요소와 연계시키기

예) 음의 높낮이(해가 뜨듯 음이 올라감), 음의 세기(소리가 점점 세짐), 연주 악
   기(트럼펫, 팀파니) 등

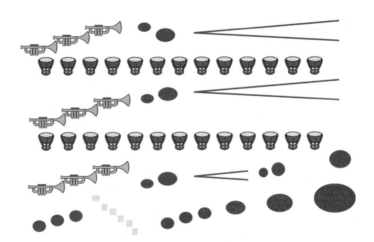

♫ 전체적으로 배움 다지며 듣기

▪ 그림 악보를 짚으면서 감상하기

▪ 악곡의 전체 구성과 느낌 정리하기

▪ 나만의 그림 악보 만들기

 - 그림 악보 제작 방법을 안내한다. (※참고자료 참조)

 - 악곡의 특징을 생각하며 각자 그림 악보를 만들어보도록 한다.

1. 그림 악보 제작 방법

① 음악적 개념 또는 구조가 분명하게 드러나는 악곡 선정하기

② 감상의 핵심 요소 결정하기

③ 그림 악보의 의도 정하기(음악적 개념 이해 또는 구조 이해)

④ 그림 악보의 길이 정하기

2. 음악적 개념을 도형 및 그림으로 표현한 시각화의 예(고수정, 2010)

① 리듬: 도형 및 그림의 가로 길이를 달리하여 그 박이 가지는 음의 길이 표현하기

② 가락: 선이나 도형 및 그림을 사용하여 음의 높낮이, 가락의 흐름 표현하기

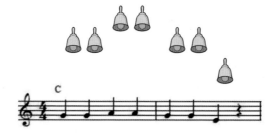

③ 빠르기: 선의 반복되는 주기 변화, 빠르기가 다른 동물의 그림 활용 등을 통해 표현하기

④ 셈여림: 같은 모양의 도형을 색깔 및 채도 또는 크기를 달리하여 표현하기

f	mf	mp	p
세게	조금세게	조금여리게	여리게

⑤ 형식: 'ABACA'와 같이 문자, 도형 및 그림을 사용하여 표현하기

고수정, 2010

나 춤으로 느끼는 박자

감상곡	• 차이콥스키, "호두까기 인형" 중 '트레팍' • 바흐, "미뉴에트"
학습 목표	• 춤곡의 박자를 신체표현하며 감상할 수 있다.
주요 개념	• 박/박자, 악곡의 형식, 춤곡의 쓰임
지도 전략	• 시각자료 활용하기 • 신체표현하기

'트레팍' 감상하기

★ 감상곡 이해

- 차이콥스키(Pyotr Tchaikovsky, 1840~1893): 러시아 작곡가. 러시아적이면서 동시에 국제적일 수 있는 길을 제시함. "백조의 호수", "잠자는 숲속의 미녀", "호두까기 인형"은 그의 3대 발레 작품.
- "호두까기 인형" 중 '트레팍(Trepak)': 러시아 카자흐 지방에서 유래된 빠른 템포의 2박자계 러시아 민속무용으로서 남자들이 연주하고, 쭈그린 자세에서 다리를 차는 것이 특징인 춤곡이다. 이 곡은 클라라와 왕자가 여행을 하는 중에 나오는 발레음악으로, 트레팍 중에서 가장 잘 알려진 곡이다.

♬ 감각적으로 감지하며 듣기

- 일정박, 빠르기, 분위기 등 악곡의 특징을 감각적으로 느끼며 '트레팍'의 발레 영상 보기

- 영상을 보고 느낀 점, 악곡의 특징 등에 대해 이야기 나누기
  예) 신난다, 경쾌하다, 반복이 많다, 2박자 악곡이다 등

- 트레팍에 대해 알아보기
  - 트레팍은 2박자의 러시아 춤곡임을 안다.

♬ 분석적으로 인지하며 듣기

▪ 악곡을 감상하며 형식 파악하기

- A주제를 듣는다.

- B주제를 듣는다.

▪ 전체 악곡을 들으면서 악곡의 형식 파악하기

※ 악곡의 형식을 나타내는 방법
  - 모둠별로 도형을 나누어 준 후 배열해보게 하기
  - 각자 A주제를 나타내는 도형, B주제를 나타내는 도형을 정하여 학습지
    에 표현하기
  - 알파벳 등으로 표현하기

※ '연결구'는 주제 사이의 짧은 간주, '종결구'는 후주를 뜻하는데, 용어를 습득하는 데 초점을 맞추기보다 8마디의 간주, 16마디의 후주를 귀로 듣고 느끼도록 하는 데 주안점을 둔다.

▪ 2/4박자의 일정박을 다양한 방법으로 표현하며 감상하기

A	B	연결구	A	종결구
		발 구르기		손뼉 치기

▪ 2/4박자에 맞추어 동작으로 표현하며 감상하기

- A주제 동작(16박자)을 익힌다.

- B주제 동작(16박자)을 익힌다.

- 연결구와 종결구 동작을 익힌다.

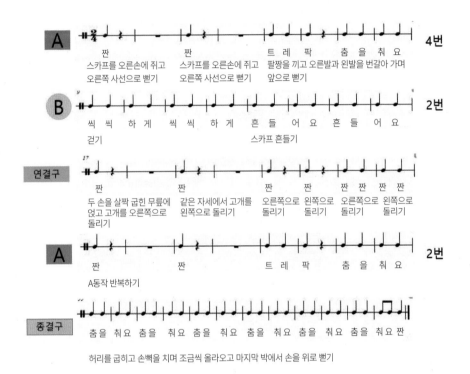

※ 리듬에 맞는 가사를 만들어 리듬을 읽거나 가락에 맞추어 노래하는 것은 악곡의 구조를 파악하는 데 도움이 된다.

♫ 전체적으로 배움 다지며 듣기

▪ 악곡의 전체 구성과 느낌 정리하기

※ 모둠별로 신체표현 동작을 만들어 발표하는 활동을 추가할 수 있다.

바흐의 "미뉴에트" 감상하기

★ 감상곡 이해

- 바흐(Johan Sebastian Bach, 1685~1750): 서양음악의 아버지라고 일컬어지는 작곡가. 오르간곡, 마태 수난곡, 기악 독주곡, 협주곡 등 다양한 장르의 작품을 작곡함. 무엇보다 12평균율의 조율법에 의한 48곡의 평균율 클라비어곡집은 음악사적 가치가 높은 작품임.

- 미뉴에트: 프랑스에서 시작되어 17세기에 가장 유행했던 3박자의 춤곡으로 약간 느린 빠르기의 우아한 리듬으로 이루어져 있다. '조그만 스텝'을 뜻하는 미뉴에트는 A주제와 이와 대비되는 B주제로 구성되며, 각 부분들은 4마디, 8마디식으로 좌우 균형이 확실하게 이루어져 있다. 바흐의 미뉴에트 G장조(Minuet in G Major, BWV Anh. 114)는 "안나 막달레나를 위한 노트 2권"에 수록되어 있다(현재는 Christian Petzold(1677-1733)가 쓴 곡으로 알려져 있다).

♫ 감각적으로 감지하며 듣기

▪ 일정박, 빠르기, 분위기 등 악곡의 특징을 감각적으로 감시하며 바흐의 '미뉴에트' 영상 보기

▪ 영상을 보고 느낀 점, 악곡의 특징 등에 대해 이야기 나누기

예) 느리고 우아하다, 3박자로 이루어져 있다, 춤을 춰보고 싶다 등

▪ 미뉴에트에 대해 알기

- 미뉴에트는 프랑스에서 시작된 3박자 춤으로, 17세기에 유럽에서 유행

했던 춤임을 안다.

- 하프시코드로 연주하는 바흐의 '미뉴에트' 영상 보기
  - 이 곡이 작곡된 17세기에는 하프시코드라는 악기로 연주되었음을 안다.
  - 피아노 음색과 하프시코드 음색의 차이점에 대해 이야기 나눈다.

▶▶▶ **참고자료**

하프시코드(Harpsichord; 쳄발로 Cembalo): 4세기경 이탈리아 또는 플랑드르 지역에서 고안된 건반악기로 현을 뜯어서 소리 내는 악기이다. 피아노가 상용화되기 이전 르네상스와 바로크 시대의 대표적인 독주 및 합주 악기였다.

♫ **분석적으로 인지하며 듣기**

- 악곡을 감상하며 형식 파악하기
  - A주제를 듣는다.

  - B주제를 듣는다.

- 전체 악곡을 들으면서 악곡의 형식 파악하기

▪ 3/4박자의 일정박을 다양한 방법으로 표현하며 감상하기

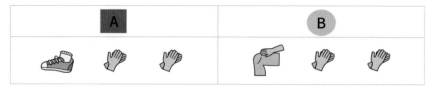

- 3박자 동작에 대해 자유롭게 탐색한다.
- 주제의 변화에 따라 동작을 다르게 표현한다.

▪ 미뉴에트의 기본 동작 익히기

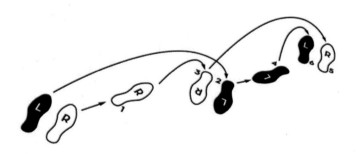

▪ 음악을 들으며 기본 동작 연습하기

- A주제를 들으면서 팔을 자유롭게 움직이며 위 2마디 6박자 동작을 반복한다.
- B주제를 들으면서 3박자에 어울리도록 발동작과 팔동작을 자유롭게 표현한다.

🎵 전체적으로 배움 다지며 듣기

- 바흐의 미뉴에트를 들으며 3박자에 맞추어 춤동작 표현하기
- 트레팍과 미뉴에트의 차이점 정리하기
  예) 박자, 춤동작 등
- 춤곡을 통해 배운 점과 느낀 점 이야기하기

다 리듬악기로 협연하기

감상곡	요한 슈트라우스 2세, "천둥과 번개 폴카"
학습 목표	주제의 변화를 리듬악기로 표현하며 감상할 수 있다.
주요 개념	박/박자, 음색, 악곡의 형식
지도 전략	• 리스닝 맵 활용하기 • 노래 부르기/연주하기

★ 감상곡 이해

- 요한 슈트라우스 2세(J. Strauss, 1825~1899, 오스트리아): 오스트리아의 작곡가
  이자 지휘자. 여러 악단을 운영하고 이끌어 연주 여행을 하였으며, 특히 왈
  츠 발전에 크게 기여하여 '왈츠의 왕'이라 알려짐.
- 천둥과 번개 폴카: 천둥과 번개를 폴카(Polka)의 춤곡 리듬에 맞추어 묘사한 음
  악으로, 심벌즈와 큰북의 힘찬 소리는 천둥과 번개를 실감 나게 표현하고 있다.
- ※ 폴카: 2/4박자의 활발한 보헤미아 춤곡. 프라하에 폴카가 등장한 것은
  1837년으로 알려져 있으며, 그 이후 많은 작곡가들이 폴카를 작곡함.

🎵 감각적으로 감지하며 듣기

- 천둥과 번개의 특징에 대해 이야기하기
  예) 번개는 구름, 구름과 대지 사이에서 일어
      나는 방전 현상으로 빛을 발생시키며, 큰
      소리를 내는 천둥을 동반함
- 천둥과 번개에 어울리는 악기와 표현 방법에 대해
  이야기하기

▪ 간단한 리스닝 맵을 보며 전체 듣기

  - 형식을 간단하게 구조화시킨 리스닝 맵을 보며 주제가 반복되거나 변화
되는 것을 손으로 짚으면서 듣는다.

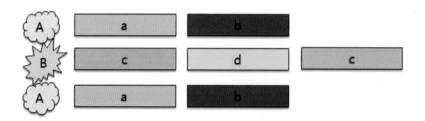

▪ 영상을 보며 연주하는 악기 확인하기(인터넷 검색어: 천둥과 번개 폴카)

▪ 특징적인 악기와 표현요소에 대해 발견한 점 또는 느낀 점 나누기

  예) 천둥은 큰북, 번개는 심벌즈로 연주하는 것 같다. 천둥과 번개가 치지
만 경쾌한 느낌이다.

♫ 분석적으로 인지하며 듣기

▪ 일정박을 치며 A-a 주제 듣기

▪ 리듬악기를 연주하며 A-a 주제 듣기

  - A-a 주제에 맞추어 연주할 리듬을 연습한다.

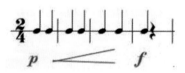

  ※ 리듬악기는 상황에 따라 자유롭게 선택할 수 있다.

  예) 리듬막대, 탬버린, 손북, 작은북, 큰북 등

  ※ 리듬악보는 원곡을 단순화시킨 리듬으로, 셈여림을 표현하며 연주하도

록 한다.

- A-a 부분이 연주되는 동안 위의 리듬을 4번 반복한다.

※ 리듬악기는 4마디 후에 나와야 하므로, 감상곡을 귀 기울여 들으며 이에 맞추어 연주할 수 있도록 한다. 상황에 따라 교사가 지휘를 통해 나오는 지점을 알려줄 수 있다.

▪ 일정박을 치며 A-b 주제 듣기

▪ 리듬악기를 연주하며 A-b 주제 듣기

- A-b 주제에 맞추어 연주할 리듬을 연습한다.

- A-b 부분이 연주되는 동안 위의 리듬을 4번 반복한다.

※ 리듬악기는 간주 후에 나와야 하므로, 감상곡을 귀기울여 들으며 이에 맞추어 연주할 수 있도록 한다. 상황에 따라 교사가 지휘를 통해 나오는 지점을 알려줄 수 있다.

• 리듬악보를 보며 B-c 주제 듣기

• 리듬악기를 연주하며 B-c 주제 듣기

- B-c 주제에 맞추어 연주할 리듬을 연습한다.

- B-c 부분이 연주되는 동안 위의 리듬을 4번 반복한다.

※ 리듬악기는 간주 후에 나와야 하므로, 감상곡을 귀 기울여 들으며 이에 맞추어 연주할 수 있도록 한다. 상황에 따라 교사가 지휘를 통해 나오는 지점을 알려줄 수 있다.

• 자유롭게 즉흥연주하며 B-d 주제 듣기

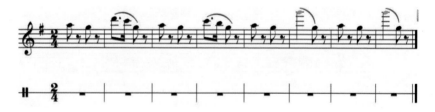

- 2/4박자 16마디에 맞추어 자유롭게 즉흥연주한다.
※ 모둠별로 8마디의 리듬을 만들어 연주할 수 있다.

▪ 악곡의 마지막 세 마디 연주하기

- 마지막 세 마디는 종지감을 느끼기 위해 다음과 같이 연주하도록 한다.

♫ 전체적으로 배움 다지며 듣기

▪ 오케스트라를 연주하는 음원 또는 동영상에 맞추어 각 주제를 리듬악기로 연주하며 듣기

- 교사의 안내에 따라 연습한 후, 스스로 가락의 변화를 느끼며 연주한다.

라 같은 주제 다른 음악

감상곡	베토벤 피아노 소나타 14번 "달빛" 1악장, 드뷔시 "달빛"
학습 목표	같은 주제를 표현한 서로 다른 악곡을 비교 감상할 수 있다.
주요 개념	가락의 흐름, 음색
지도 전략	글 또는 그림으로 표현하기 느낌을 구체화하기

베토벤의 '달빛' 1악장 감상하기

★ 감상곡 이해

- 베토벤(Ludwig van Beethoven, 1770-1827): 본 출생. 빈 고전주의를 대표하는 독일의 작곡가.

- "달빛" 피아노 소나타 14번: 베토벤의 32개의 소나타 중 3대 소나타라 불리는 8번, 14번, 23번 소나타는 각각 비창, 월광, 열정이라는 별명으로 불리며 대중적으로 가장 큰 사랑을 받고 있다. 이들 모두 베토벤이 직접 붙인 제목이 아니라 그의 사후에 붙여진 것이다.

♫ 감각적으로 감지하며 듣기

- 달빛을 상상하고, 느낌을 단어로 이야기하기
  예) 아름답다, 고요하다, 차분하다 등

- 달빛을 음악으로 어떻게 표현할 수 있을지 이야 기 나누기
  예) 리코더로 조용하게, 실로폰으로 맑게, 높은 음으로, 느리게 등

- 왜 이 곡에 '달빛'이라는 부제가 붙었을지에 대해 생각하며 베토벤의 '달빛' 소나타 1악장 감상하기

- 감상 후 각자 생각한 이유에 대해 이야기하기
  - '달빛'이라는 주제는 베토벤이 직접 붙인 제목이 아니라 시인 렐시타프가 이 곡을 듣고 "스위스의 루체른 호반의 달빛에 어린 물결에 흔들리는 작은 배처럼"이라고 표현한 것을 계기로 붙여진 것임을 안다.

♫ 분석적으로 인지하며 듣기

- 베토벤 '달빛' 소나타 1악장의 음악적 특징 파악하기

  - 느리고 자유로운 형식, 셋잇단 음표의 반복, 유절 가요 형식으로 이루어짐

- 가볍게 셋잇단 음표 리듬을 치면서 감상하기
  - '원오오 원오오 원오오 원오오', '셋잇단 음표의 첫박 치기' 등

- 가락에 노랫말을 붙여서 노래하기
  - 예시와 같이 주제 가락에 노랫말을 붙여서 노래하기

휘 영 청 달 빛 에 찬 란 한 이 밤

♫ 전체적으로 배움 다지며 듣기

- 악곡 전체를 들으며 감상문 적기

드뷔시의 '달빛(Clair de lune)' 감상하기

★ 감상곡 이해

- 드뷔시(Claude-Achille Debussy, 1862~1918): 프랑스 인상주의 음악의 대표적인 작곡가. 주요 작품으로는 목신의 오후에의 전주곡, 바다, 어린이 차지, 모음곡 <베르가모> 등
- 달빛(Clair de lune): 드뷔시가 프랑스 시인 폴 베를렌(Paul Verlaine, 1844~1896)의 시 '하얀 달'에서 영감을 받아 작곡한 곡으로, 드뷔시 자신이 제목을 정했다. 인상주의 음악가 드뷔시의 독특한 화성과 신비로운 음색이 돋보이는 곡이다.

♫ 감각적으로 감지하며 듣기

- 드뷔시의 '달빛'에 이름이 붙여진 배경 이해하기
  - 드뷔시의 '달빛'은 드뷔시가 프랑스 시인 폴 베를렌(Paul-Marie Verlaine, 1844~1896)의 시 '하얀 달'에서 인용하여 직접 제목을 붙인 것임을 안다.

하얀 달

- 폴 베를렌

하얀 달이
빛나는 숲속에서
가지마다
우거진 잎사귀 사이로
흐르는 목소리

오, 사랑하는 사람아

깊은 겨울
연못에 드리운
버드나무의 검은 그림자는
바람에 흐느끼네

아, 지금은 꿈꾸는 때

별들이
무지개빛으로
반짝이는 하늘에서
크고 포근한
고요가 내려오는 듯

아득한 이 시간

▪ **이 시의 느낌과 음악의 공통점을 생각하면서 감상하기**

   예) 밤하늘에 하얀 달이 떠 있는 것처럼 피아노의 높은 음이 조용하고 차분하게 느껴진다, 피아노가 하행할 때 별빛이 부서져 내리는 것 같다 등

- 음악을 듣고 음악과 가장 관련된다고 생각하는 시어 말하기

  예) 하얀 달이 빛나는 숲속, 잎사귀 사이로 흐르는 목소리, 별들이 무지개
     빛으로 반짝이는 하늘, 고요가 내려오는 듯 등

♫ 분석적으로 인지하며 듣기

- 드뷔시의 '달빛'의 음악적 특징 파악하기
  - ABA' 형식으로 되어 있음을 안다.
  - 가락선을 그리며 A주제를 듣는다.

  - B주제는 동적인 움직임을 나타내는 아르페지오 음형이 나타남을 안다.

  - 손가락으로 아르페지오 음형을 표현하며 듣는다.

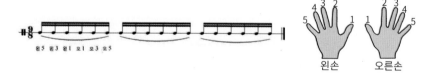

♫ 전체적으로 배움 다지며 듣기

- 드뷔시의 '달빛'을 들으며 떠오르는 인상을 그림으로 표현하기
- 두 곡을 다시 감상하며 공통점과 차이점 적기
- 두 곡 중 자신의 마음에 드는 곡과 그 이유 적기

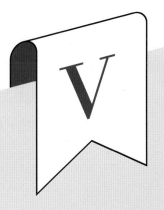

학생이 발견하는
음악 생활화 수업

Q1: 음악이 꼭 필요해요?
국, 영, 수 하기도 바빠요.

Q2: 생활화, 수업 시간에
반드시 해야 해요?

Q3: 음악의 생활화 수업
에서 학생들의 입장을 어떻게
반영할 수 있나요?

Q4: 생활화 수업은 어떤
흐름으로 진행해야 해요?

Q5: 생활화 분야는 도대체
어떻게 평가해야 해요?

Q1 Q2 음악교육의 궁극적인 목적은 '음악 향유자'를 양성하는 데 있다. 학생들이 삶을 풍요롭게 꾸려나가는 하나의 방편으로써 '음악'을 활용하기를 바란다. 음악교육을 통해 음악에 대한 긍정적인 가치관을 형성하고, 능동적인 음악 애호가로 성장하기를 기대한다. 그러므로 학교 음악교육에서 음악을 생활화하게 하는 것은 음악교육의 목적과 직결되는 중요한 활동이다.

Q3 수업을 통해 접한 음악을 학생들이 삶에서 꾸준히 누릴 수 있어야 음악 교과의 효용성이 높아진다. 그러므로 음악 떠올리기, 적용하기 등의 단계에서 교사가 수집한 음악을 참고자료로 활용할 수 있으나, 기본적으로 학생들이 직접 수집하거나 학생들이 제안한 음악을 기초로 수업을 진행하는 것을 권한다. 또한, 학생 주도적인 수업이 원활하게 이루어질 수 있도록 음악을 떠올리고, 질문하고, 적용하는 과정에서 제약을 최소화하고, 다양성을 인정할 수 있는 열린 분위기를 만들어야 한다. 물론, 폭력적이거나 선정적인 음악의 경우 교사의 의도적인 질문 및 개입이 필요하다.

Q4 음악 생활화 수업의 흐름은 크게 '음악 떠올리기→음악 이해하기→음악 적용하기→가치 인식 및 활용 확장하기'로 진행할 수 있다. 다음에는 수업의 흐름을 적용한 수업 예시 네 가지가 제시되어 있다. 수업 예시는 학생들이 삶 속에서 주체적이고 자발적으로 음악을 누리는 것을 돕는 방향으로 구성하였다.

Q5 음악을 생활화하는 일은 개인과 공동체의 범주로 나눠 살펴볼 수 있다. 학생들이 그 관계를 어느 정도 이해하고 있는지, 그리고 그 사항을 실제로 어떻게 활용하고 있는지를 가늠하는 일이 필요하다. 평가를 위해 수업 중 관찰, 인터뷰 등을 실시할 수 있다. 나아가 일정 기간을 정해 '음악 생활 일지'를 써보게 할 수 있는데, 그것을 포트폴리오 형태로 평가에 활용하면 좋다.

음악 생활화 교육, **왜** 해야 할까요?

음악교육에서 '생활화'에 대한 관점은 크게 세 가지이다. 첫째, '음악을 통한 사회화'이다. 인간은 교육을 통해 사회에서 요구하는 인격체로 성장하며, 음악교육 역시 학생의 사회화를 촉진하는 범위에서 이루어진다. 그러나 음악교육이 특정 이념에 종속되거나 사회의 기존 권위에 위축될 수 있는 위험성을 안고 있다. 둘째, '음악의 사회화'이다. 개인이 습득하거나 체험한 음악을 자신의 삶 속에서 적극적으로 활용하는 것이다. 음악을 통해 개인의 문화적 인격을 형성할 수 있다. 다만, 다수를 대상으로 하는 학교 교육에서 보편성이 낮아질 수 있다는 의견이 있다. 셋째, '음악 공유'이다. 음악의 사회화에서 공동체 부분을 강조한 것으로, 음악이 지닌 공동체적 가치를 파악하고 실천한다. 다만, 개인이 존중받지 못할 수 있으므로 음악 공유의 목적과 내용 설정 시 학생들의 주체적인 참여가 필요하다. 이 장은 음악의 생활화를 '음악의 사회화'와 '음악 공유'의 관점에서 접근한다.

가 음악 생활화 교육의 지향점

첫째, 음악적 경험을 확장한다. 음악의 생활화를 주제로 수업하면 학교라는 제한된 장소, 음악 교과라는 한정된 시간의 한계를 극복하는 데에 도움을 줄 수 있다. 음악은 이미 학생들의 생활 속 곳곳에 자리 잡고 있다. 학생들은 그동안 무의식적으로 흘려보냈던 생활 속 음악을 의식적으로 찾아보고, 교실로 가져와 적극적으로 활용하면서 다양한 음악적 경험을 할 수 있다.

둘째, 음악적 창의성을 신장한다. 학생들은 생활화 수업을 통해 삶과 음악을 연결 지어 생각하는 기회를 얻는다. 그리고 이전에 학습한 음악적 지식과 소양을 바탕으로 음악을 미래의 삶에 창의적으로 적용해볼 수 있다.

셋째, 음악을 통해 자아를 실현한다. 반드시 전문 음악가가 되는 것을 목표로 하지 않아도 괜찮다. 자기 주도적인 '음악 향유자'로서, 자신의 삶과 연계하여 음악을 발견하고 능동적으로 누리는 과정에서 행복을 느끼고 자아를 실현할 수 있다.

넷째, 음악에 대한 가치관을 형성한다. 음악을 자신의 생활과 연결 지어 생각하는 과정에서 학생들은 음악의 중요성을 깨닫고 음악에 대한 긍정적인 가치관을 함양할 수 있다. 또한, 가치를 인식하면서 삶 속에 직접 음악을 적용해봄으로써 음악을 내면화하고 생활화하는 습관을 지닐 수 있다.

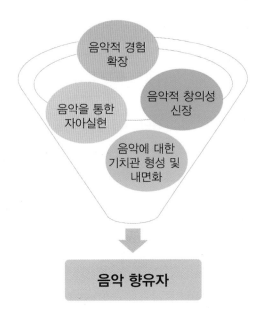

나 음악 생활화 교육의 과제

첫째, 생활 속에서 다양한 음악적 경험을 하는 것이다. 음악은 과거부터 현재에 이르기까지, 오랜 시간 동안 인류와 함께하며 사회의 여러 분야에서 활용되고 있다. 그러나 언제나 함께했기에 음악을 의식적으로 인식하지 못하고, 그 중요성을 망각하기도 한다. 생활화 수업을 통해 생활 속에 녹아 있는 음악을 주의 깊게 살펴보고, 다양하게 경험하는 기회를 얻을 수 있다.

둘째, 학교와 사회의 음악을 연계하는 것이다. 음악교육 현장에서는 학교와 사회가 분리되어 있으므로, '학교에서 사회' 혹은 '사회에서 학교'로 음악을 어떻게 유기적으로 연계할 수 있을지 고민이 깊다. '학교에서 사회'의 경우, 학교에서 배운 악곡을 학생들이 어떻게 하면 삶 속에서 자발적으로 즐길 수 있을지 고민스럽다. 반대로 '사회에서 학교'의 경우, 학생들의 삶에서 들리는 음악 혹은 학생 스스로 생활 속에서 찾아듣는 음악을 학교에서 어떻게 다룰지 고민이 많다. 특히, 학교 현장에서 잘 다루지 않는 '사회에서 학교' 연계 수업을 위한 아이디어가 필요하다. 생활화 수업을 통해 학교와 사회의 음악을 연계하는 기회를 얻어야 한다.

셋째, 생활 속 음악의 가치를 느끼는 것이다. 음악을 찾고, 경험하고, 학교와 사회의 음악을 연계하는 과정에서 음악의 역할은 무엇인지, 음악이 도대체 왜 필요하며, 어떤 가치를 지니는지 생각하고 토의하여야 한다. 생활화 수업을 통해 음악의 가치를 깊이 느끼고, 누리고자 하는 동기를 제공해야 한다.

넷째, 능동적으로 음악을 향유하는 것이다. 교과서 중심, 교사 중심의 수동적 태도를 벗어나야 학생들은 수업 시간이 끝난 후에도 음악을 누릴 것이다. 생활화 수업을 통해 음악의 필요성과 가치를 깨닫고, 학생 주도적으로 음악을 누리는 방법을 학습하도록 도우며, 스스로 음악을 즐기는 습관을 형성해 주어야 한다.

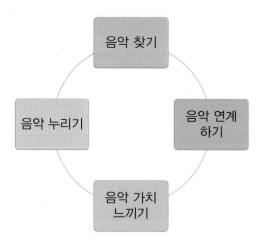

음악 생활화 수업, **어떻게** 해야 할까요?

가 음악 생활화 수업의 흐름

음악 생활화 수업의 흐름은 다음의 4가지 단계로 나누어 볼 수 있다. 상황에 따라 단계를 생략하거나 추가할 수 있다.

첫째, 음악 떠올리기 단계에서는 생활 속에서 무심코 지나쳤던 음악을 의식적으로 떠올리고 찾아본다. 학생들이 생활 속에서 음악을 발견하는 것이다. 예를 들어 휴대전화, 광고, 애니메이션 주제가와 배경음악, 게임 효과음과 배경음악, 야구장 응원가, 동요, ASMR 등을 발견하고 수집할 수 있다.

둘째, 음악 이해하기 단계에서는 음악에 대해 질문하고 토의하며 음악의 특징과 배경 등을 이해한다. 예를 들어 "야구장에서 왜 이 음악을 함께 부를까?"라고 질문했을 때 "이 음악은 소리가 크고, 빠르기가 빨라서 매우 흥겨워. 다 함께 이 음악을 부르면 응원할 때 분위기가 한층 살지."로 답변하는 등 대화가 이루어질 수 있다.

셋째, 음악 적용하기 단계에서는 생활의 장면에 따라 음악을 창의적으로 새롭게 적용한다. '같은 상황'에서 발견한 음악을 발전시켜서 적용하는 방안, 혹은 발견한 음악 대신 다른 음악을 활용하는 방안을 고안할 수 있다. 그리고 '다른 상황'에서 찾은 음악을 적용하는 방안, 혹은 다른 상황에 맞게 음악을 발전시켜서 적용하는 방안이 있다. 교사는 발견한 음악을 발전시키거나 다른 음악을 활용할 때 후보곡으로 학교에서 기존에 배운 악곡 혹은 추천하고 싶은 음악을 제안할 수 있다.

넷째, 가치 인식 및 활용 확장하기 단계에서는 음악 생활 일지 작성, 학생의 질문 및 소감 발표, 짝 간 대화 댓글, 교사의 질문 및 전체 토의 등을 활용해 오늘 발견한 음악과 생활에 새롭게 적용한 음악의 가치를 인식하고 내면화하며, 앞으로의 생활에서 음악을 더욱 누릴 수 있도록 돕는다. 음악 생활 일지의 경우 수업 중, 수업 후 생활화 과정을 체계적으로 정리할 수 있을 뿐만 아니라 평가의 자료로 활용할 수 있다(자세한 내용은 이어지는 '2-나', '3-라'에서 다룬다). 학생들은 스스로 질문하고 소감을 발표하면서 음악의 중요성과 유용성을 느낄 수 있다. 또한, 짝끼리 대화하고 댓글을 달면서 모두가 발화 기회를 얻고, 발표를 통해 공언하면서 생활화를 한 번 더 다짐하는 내면화 기회를 얻는다. 교사가 교사의 의도를 담아 전체 질문 및 토의를 하면서 수업을 정리하고, 앞으로의 생활화 계획을 세우며, 함께 음악을 즐기는 문화를 형성한다.

나 음악 생활화 지도 전략

음악 생활화 지도 전략은 크게 6가지가 있다. 주제에 따라 전략을 골라 활용할 수 있다.

1) 음악과 함께 한 경험 떠올리기

학생들은 누구나 스스로 음악을 찾아 듣기도 하고, 타인에 의해 음악을 흘려 듣기도 한다. 교사가 아닌 학생의 음악 생활화를 위해 학생이 생활에서 찾은 음악을 주로 다루어야 한다. 학생들은 특정 장면, 감정 등 주제 속에서 음악에 관한 자신의 경험을 의도적으로 떠올려본다. 떠올린 경험은 기록, 녹음, 재연 등 학생의 역량과 수업 상황에 맞게 공유할 수 있다.

2) 음악이 있는 놀이하기

'음악과 놀이'의 경우, 놀이에서 음악을 발견할 수 있고, 반대로 음악 요소 등을 놀이로 지도할 수도 있다. 이 장에서는 '놀이에서 발견한 음악'을 뜻한다. 학생들은 생활에서 다양한 종류의 놀이를 하며, 그중에서 음악이 사용된 놀이도 있다. 학생들에게 친숙한 놀이 중 음악이 있는 놀이에 관해 이야기해보고, 음악과 함께 직접 놀이해볼 수 있다. 그리고 놀이 음악의 역할을 살펴보고, 놀이와 놀이 음악에 대한 느낌을 이야기한다.

3) 미디어 활용하기

학생들이 생활에서 접하는 모든 음악을 녹음하고 직접 시연하는 데에는 한계가 있을 수 있다. 음악을 접하는 환경도 실황 연주 감상보다는 미디어를 통한 감상이 더 흔한 편이다. 한정된 교실 수업 상황에서 음악을 전달하고 공유할 때도 미디어를 유용하게 활용할 수 있다. 특히, 온라인 수업 시 미디어를 활용할 수 있다. 더 나아가, 최근 추세에 맞추어 학생 스스로가 창작자가 되어 미디어 콘텐츠를 직접 제작하여 활용할 수도 있다.

4) 음악에 대한 질문 만들고 짝 토의하기

질문은 질문자의 내적 동기를 반영한다. 학생들은 자신이 궁금한 것을 질문하면서 자기 주도적으로 수업에 참여한다. 그리고 질문 및 질문을 바탕으로 한 토의를 통해 음악의 특징, 배경 등 음악의 맥락을 자연스럽게 파악할 수 있다. 짝 토의는 모둠활동과 달리 무임승차자가 발생하기 어렵고, 제한 시간 내에 모두가 발화 기회를 얻을 수 있다는 장점이 있다. 만약 질문 및 짝 토의에서 음악의 특징, 배경, 생활화 등 교사가 의도하는 중요 내용이 나오지 않는다면, 교사가 질문 및 토의에 참여하여 보충할 수 있다.

짝꿍 A (1)	짝꿍 A (2)
이 음악은 어떨 때 사용한 것일까?	이 음악은 누가 연주한 것일까?

|그림 V - 1| 학생 질문 사례 - Padlet 담벼락 기능 활용

5) 음악 생활 일지 작성하기

학생들은 활동 중, 활동 후 음악 생활화 과정을 '음악 생활 일지'로 기록한다. '음악 생활 일지'는 학생의 경우 작성 과정에서 음악의 생활화를 체계적으로 정리하며 내면화할 수 있다는 장점이 있다. 그리고 교사의 경우 '음악 생활 일지'를 평가의 자료로 활용할 수 있다는 장점이 있다. 음악 일지는 활동 특성에 따라, 상황에 맞게 양식을 변경하여 사용할 수 있다.

이번 시간에 발견한 '오늘의 음악'	
'오늘의 음악'의 특징 및 장점	
'오늘의 음악' 내 생활 적용 방안	
생활에의 적용 소감	

|표 V - 1| 음악 생활 일지 예시

6) 음악 행사 기획하기

자신이 마음에 들고, 다른 사람들에게 들려주고 싶은 음악을 연습하여 공연으로 선보일 수 있다. 학생들은 음악 행사를 기획하고 추진하면서 자아를 실현하고 공동체와 공유할 기회를 얻는다. 음악 행사는 취지와 취향에 따라 다양하게 기획하고 추진할 수 있다. 공연할 음악을 고르고, 연습하여, 선보이는 것뿐만 아니라 더 나아가 초대할 사람, 초대 방법, 무대, 음향, 관객석 등등 고려할 부분이 많다. 학교 사정과 상황에 맞게 생략 및 적정화하여 진행할 수 있다. 음악 행사의 예로 가족 음악회, 음악 발표회, 음악극, 거리 공연(버스킹), 음악 축제, 온라인 연주회 등이 있다.

음악 생활화 수업, **이렇게** 해보세요!

가 놀이 시간

학습 목표	• 놀이 음악을 찾고, 음악을 발전시켜 놀이할 수 있다.
지도 전략	• 음악이 있는 놀이하기

♫ 음악 떠올리기

▶ 놀이 음악 떠올리기

- 학생들이 평소 놀이할 때 부르는 노래, 활용하는 소리 등을 떠올린다.
- 떠올린 놀이 음악을 놀이와 함께 시연한다.

예) 수건돌리기, 손 놀이, 줄넘기 등

♫ 음악 이해하기

▶ 놀이 음악 부르며 놀이하기

- 친구의 시연을 참고하여 음악과 함께 하는 놀이를 몇 가지 체험한다.

▶ 놀이 음악에 관해 이야기하기

- 놀이 음악의 효과 등에 대해 토의한다.

예) 놀이 규칙 관련, 흥겨움 등

♫ 음악 적용하기

▶ 놀이 음악 발전시키기

- 놀이 음악을 개사하거나 추임새, 악기 추가 등을 활용하여 발전시킨 후, 직접 놀이에 적용하여 본다.

예) 수건돌리기 놀이 시 부르던 노래를 학급에 맞게 개사하고, 다 함께 추임새를 붙인다.

- 놀이 음악을 대체할 수 있는 다른 음악을 찾아보고, 직접 놀이에 적용하여 본다.

예) 수건돌리기 놀이 시 부르던 노래 대신 수업 시간에 배운 다른 동요를 불러 본다.

> **TIP**
> - 놀이 규칙을 고려하여 음악을 발전시킨다.
> - 기존 음악 시간에 배운 악곡, 교사의 추천곡을 참고할 수 있다.

▶ 놀이 음악 다른 곳에 적용하기

- 놀이 음악을 다른 놀이, 혹은 생활의 다른 곳에 적용할 수 있는지 토의한 후, 직접 적용하여 본다.

예) 수건돌리기 놀이 시 부르던 노래를 체육 활동 응원가로 활용한다.

♫ 가치 인식 및 활용 확장하기

▶ 학생 소감 발표하기
- 놀이 음악에 관한 생각 등을 발표한다.

▶ 교사의 질문 및 전체 토의하기
- 놀이에 음악이 없다면 어떻게 될까?
- 나의 삶에 음악이 없다면 어떻게 될까?

나 수업이 끝나고

학습 목표	• 생활에서 수집한 음악을 감상하고, 음악에 관한 질문과 토의를 할 수 있다.
지도 전략	• 음악과 함께 한 경험 떠올리기 • 음악에 대한 질문 만들고 짝 토의하기

🎵 음악 떠올리기

▶ 생활 속 '음악'이 있는 장면 떠올리기

- 학생들이 평소 본인의 생활을 돌아보며, '음악'이 활용된 장면을 떠올린다.

- 떠올린 장면을 기록하고, 음악을 수집한다.

장면 예) 친구에게 전화가 왔을 때, 모바일 게임을 할 때 등

음악 예) 휴대전화 벨소리, 게임 배경음악, 광고, ASMR 등

> **TIP**
>
> - 떠올린 음악을 수집하는 방법은 다음과 같다.
>
> *** 시간:** 교실 상황에 따라 1) 사전 과제 부여
>
> 사전 과제가 부담스러운 학급의 경우
>
> 2-1) '학교생활'에 한정하여 쉬는 시간, 중간놀이 시간, 점심시간 활용
>
> 2-2) 음악 시간 중 한 차시를 학교를 돌아다니며 음악을 수집하는 시간으로 활용
>
> 2-3) 수업 중 하나의 활동으로 간단한 수집 시간 마련
>
> *** 방식:** 학생들의 성향과 역량에 따라
>
> 1) 저학년: 들은 음악 사례를 말하거나, 시연하거나, 일기장에 간단히 적기
>
> 2) 중학년: 수집한 음악을 학급 SNS에 게시하거나, 직접 시연하기
>
> 3) 고학년: 수집한 음악을 소개하는 자료를 창작자(유튜버 등의 1인 미디어) 형식으로 준비하기
>
> 4) 기타: 음악을 들은 상황과 곡목 정도를 수업 시간 내에 간단하게 소개하고, 음원 사이트를 활용하여 즉석에서 음악 재생하기 등
>
> - 폭력적이거나 선정적인 음악은 교사의 의도적인 질문 및 개입이 필요하다.

🎵 음악 이해하기

▶ 학급 친구가 생활 속에서 수집한 음악 감상하기

- 교사는 수집한 음악을 전부 다룰 수도 있고, 사전에 겹치는 음악을 제외하고 같은 상황 혹은 같은 유형의 음악끼리 묶어 대표 음악을 선정하여 다룰 수도 있다.

▶ 생활 속 음악에 관한 질문 만들기

- 각자 최소 2개 이상의 질문을 만든다.

- 짝끼리 질문을 2개로 추린 후, 짝과 짝이 모여 모둠끼리 질문을 2개로 추

리고, 이후 각 모둠에서 뽑은 질문을 전체적으로 공유한다.

▶ 음악을 듣고 만든 질문에 대해 짝 토의 및 전체 토의하기
- 학생의 질문을 활용하여 토의하며 음악의 특징, 배경, 맥락, 효과 등을 이해한다.
질문 예) 이 음악은 어디서 녹음한 것일까?, 곡을 연주한 사람은 누구일까?, 이 음악을 부른 이유는 무엇일까?, 만약에 이 음악이 없다면 무슨 일이 일어날까? 등
- 수업 진행 과정에서 꼭 필요한 질문이 학생들에게서 나오지 않을 때는 교사가 추가 질문을 할 수 있다.

▶▶▶ 온라인 수업에서는..?

- 학급 SNS를 활용하여 사전 과제로 생활 속에서 수집한 음악을 게시할 수 있다.
- Zoom의 소회의실 기능 등을 활용하여 짝 및 모둠 토의를 진행할 수 있다.
- Padlet 담벼락 기능 혹은 트라이디스 보드 기능 등 포스트 형태의 에듀테크를 활용하여 질문을 전체적으로 공유할 수 있다.

TIP 질문 만들기, 모으기, 토의 시 '하브루타 교수법'을 활용할 수 있다.

♬ 음악 적용하기

▶ 생활 속 음악 장면 디자인하기
- 음악을 수집한 생활 장면 중 한 장면을 고르고, 다시 그 상황이 돌아온다면 나는 어떻게 음악을 적용할지 상상해본다.
- 이해 단계의 학생 질문과 생활에의 적용을 연계할 수 있다.
예) 이 음악을 더욱 흥겹게 만들려면 어떻게 할 수 있을까?, 이 음악 대신 다른 음악을 사용할 수는 없을까? 등

♬ 가치 인식 및 활용 확장하기

▶ 학생의 질문 및 소감 발표, 짝 간 대화 댓글 달기
- 학생의 질문 및 소감 발표, 짝 간 대화 댓글을 통해 음악의 유용성을 깨닫고, 앞으로의 생활화 계획을 세운다.

예) 오늘 다룬 음악은 왜 중요할까?, 다음에 실제 생활 장면에서 추천받은 곡을 직접 활용해야겠다 등

▶ 교사의 질문 및 전체 토의하기
- 교사의 의도를 담은 질문 및 전체 토의를 통해 수업 시간에 다룬 음악의 가치, 음악의 생활화 등에 대해 정리한다.

다 나의 마음은

학습 목표	• 감정을 느꼈을 때 즐겨 듣는 음악을 소개하고, 삶에서 음악을 활용할 수 있다.
지도 전략	• 음악과 함께 한 경험 떠올리기 • 미디어 활용하기

♫ 음악 떠올리기

▶ '감정' 단어를 뽑고, 그 감정에 관한 음악 떠올리기
- 학생마다 감정 목록에서 감정을 하나 뽑고, 그 감정이 들 때 듣고 싶은 음악을 떠올린다.

▶ 1인 미디어 형식으로 음악 소개하기
- 학생 개개인이 유튜버가 되었다고 가정하고, 자신이 어떤 '감정'을 느꼈을 때 즐겨 듣는 음악과 추천 이유를 자유로운 방식으로 직접 소개한다.
- 학급 상황, 학생 역량에 따라 사전 녹화 혹은 교실에서 직접 발표 방식을 택한다.
- 실황 녹음, 녹화, 음원, 뮤직비디오, 학생 직접 연주 등을 학생 수준과 선호도에 따라 활용할 수 있다.

▶▶▶   온라인 수업에서는..?

- '1인 미디어 형식 음악 소개'는 Zoom 등 실시간 쌍방향으로 진행할 수도 있고, 영상으로 제작한 후 학급 SNS를 활용하여 사전 과제로 게시할 수도 있다.
- 자유 발표 방식이 부담스러운 경우, Padlet 혹은 트라이디스 보드 기능 등 포스트 형태의 에듀테크에 '감정-음악 제목-음악 소개 및 선정 이유-링크' 등을 작성한 후, 이를 바탕으로 Zoom 등에서 '보이는 라디오' 형태의 발표를 진행할 수 있다.

TIP
- 감정 카드, 감정 출석부 등을 바탕으로 감정 목록을 적정화할 수 있다.
- 원활한 음악 소개를 위해 교실 환경(스피커 등) 사전 점검이 필요하다.
- 폭력적이거나 선정적인 음악은 교사의 의도적인 질문 및 개입이 필요하다.

♫ 음악 이해하기

▸ 감정 단어별 음악 감상하기
- 학급 친구들이 뽑은 감정별로 추천하는 음악을 감상한다.
- 학급 친구들의 감정과 추천 음악, 궁금증 등을 기록한다.
궁금증 예) 친구는 어디서 이 음악을 알게 되었을까?, 작곡가는 왜 이 음악을 만들었을까?, 음악가는 이 곡을 왜 느리게 연주했을까?, 이 음악은 왜 신나게 들릴까?, 친구는 화가 날 때 왜 이 음악을 추천했을까? 등

▸ 감정에 따른 '음악' 이야기하기
- 음악 목록과 추천 이유, 친구들이 기록한 궁금증 등을 바탕으로 음악의 특징과 효과에 대해 전체 토의한다.

♫ 음악 적용하기

▸ 감정별 음악 추천 목록 작성하기
- '같은 감정' 상태에서 들을 만한 학급 친구 추천 음악을 정리하고, 덧붙여 같은 감정 상황에서 대신 들을 수 있는 다른 음악을 찾아본다.

- 추천한 음악을 '다른 감정'에 적용하거나, 다른 감정 상황에 맞게 음악을 발전시킬 방법을 생각해본다.
- 학년 급, 학생 역량에 따라 1) 추천 음악 분류 및 감정과 음악의 특징 생각하며 음악 생활화하기 2) 같은 감정만 다루기 등으로 약식 진행할 수 있다.

> TIP 기존 음악 시간에 배운 악곡, 교사의 추천곡을 참고할 수 있다.

♬ 가치 인식 및 활용 확장하기

▶ 학생의 질문 및 소감 발표, 교사의 질문 및 전체 토의하기
- 음악의 유용성 및 가치를 인식하고, 내면화한다.
- 앞으로의 생활화 계획을 세우며, 함께 음악을 즐기는 문화를 형성한다.
예) 왜 음악을 들으면 위로가 될까?, 다음에 우울할 때 오늘 다룬 음악을 찾아 들어보아야겠다. 등 감정을 극대화하거나 다스리는 데에 음악을 활용한다.

> TIP 수업 전략 중 '음악 생활 일지 작성'을 활용할 수 있다.

라 체험학습에서 찾은 음악

학습 목표	• 체험학습지에서 수집한 소리와 음악을 활용하여 음악극을 발표할 수 있다.
지도 전략	• 음악 생활 일지 작성하기 • 음악 행사 기획하기

♬ 음악 떠올리기

▶ 체험학습지에서 들을 수 있는 소리와 음악 미리 떠올리기
▶ 실제 체험학습에서 학생들이 소리를 녹음하거나 음악을 수집하기
- 장소 특성에 따라 녹음이 허용 가능한 곳에서, 동의를 구하고 소리를 녹음하도록 한다. 녹음에 집중한 나머지 다치지 않도록 사전에 철저히 안전 지도한다.

♫ 음악 이해하기

▶ 모둠 친구가 체험학습 과정에서 수집한 소리 및 음악 감상하기
- 모둠 친구들이 체험학습 과정에서 수집한 소리 혹은 음악을 집중하여 감상한다.
- 소리 및 음악의 '배경'과 '음악극'이라는 목표를 상기하며 모둠 토의한다.
예) 이 소리는 어디서 녹음한 것일까?, 이 소리는 어떤 상황에서 녹음한 것일까?, 만약에 이 소리를 다른 악기로 표현한다면 어떻게 표현할 수 있을까? 등
- 수업에 꼭 필요한 내용이 나오지 않으면 교사가 추가로 보충 및 심화 질문함으로써 끌어낼 수 있다.

▶ 체험학습에 관한 글 작성하기
- 토의를 바탕으로 체험학습에 관한 글을 쓴다. 글의 유형은 학생들의 성향과 역량에 따라 다양하게 작성할 수 있다.
예) 저학년, 중학년: 짧은 글 혹은 시 형식 / 고학년: 역할극 대본 등
- 글을 작성하기 어려워할 경우, 수집한 음악 혹은 기존에 학급에서 배운 노래의 가사를 바꾸는 방식 등을 활용할 수 있다.

♫ 음악 적용하기

▶ 음악극 구성 및 발표하기
- 녹음한 소리를 악기로 표현하거나, 녹음한 소리와 음악을 살리면서 보충하여 표현할 수 있는지 토의하고 적용한다.
- 소리, 음악, 악기, 글, 배운 노래 등을 활용하여 음악극을 구성한다.
- 음악과 극에 맞는 신체 움직임을 준비한다.
- 무대 배경을 그린다.
- 준비한 음악극을 발표한다.

▶▶▶ 온라인 수업에서는..?

'음악극 발표'를 사전 녹화하여 학급 SNS에 게시하거나 송출할 수 있다. 또한, 실시간 온라인 송출도 가능하다. 다만, Zoom 등 실시간 화상 프로그램을 이용하더라도 인터넷 환경에 따라 소리의 지연이 생길 수 있다. 그러므로 가능하면 공연자들은 한 공간에서 공연하고 연주하며, 관객만 각자의 장소에서 온라인으로 관람하는 것을 권한다.

♫ 가치 인식 및 활용 확장하기

▶ 음악 생활 일지 작성 및 공유하기
- 활동 중, 활동 후 음악 생활 일지를 작성하고 발표한다.

수집한 소리 혹은 음악	
녹음 당시 상황	
소리 혹은 음악에 대한 내 생각	
음악 발전 방안	
활동 소감	
교사의 피드백	

|표 V - 2| 음악 생활 일지 예시

TIP '음악 생활 일지'를 평가 자료로 활용할 수 있다.

VI

우리 음악의 멋과
맛을 키우는 국악 수업

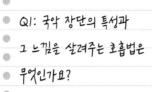

Q1: 국악 장단의 특성과
그 느낌을 살려주는 호흡법은
무엇인가요?

Q2: 각 지방의 민요를
맛깔스럽게 지도할 수 있는
발성의 방법은 무엇인가요?

Q3: 단소나 소금의 소리
내기를 잘 할 수 있는 방법은
무엇인가요? 그리고 단소를
지도할 때 어느 음부터
지도하는 것이 효율적일까요?

Q4: 시김새의 개념은 무엇
이며, 시김새의 지도 방법은
무엇인가요?

Q5: 국악 시간에 신명나게
활동할 수 있는 방법은 무엇
인가요?

Q6: 전통 국악곡을 변형
시켜서 가르칠 때 유의할
점은 무엇인가요?

Q8: 국악에 흥미를 느끼지
못하는 학생들을 위한 국악
감상법은 무엇인가요?

Q7: 국악 수업에서 수준이
차이가 나는 학생을 위한
내용 구성은 어떻게 해야
하나요?

Q9: 국악 수업의 평가에서
특별히 중점을 두어야 할 점은
무엇인가요?

● 국악 교육의 주안점

    학생들에게 제공되어야 할 음악의 가치와 교육에 대한 필요성은 '가장 한국적인 것이 가장 세계적인 것이다'라는 문구에서도 확인할 수 있다. 그러므로 학교 음악 교육에서 학생들이 전통 음악 문화에 대한 정체성을 인식할 수 있어야 한다. 이를 위하여 전통 음악의 가치에 부합하는 음악 수업에 대해 지속적으로 탐구하여야 한다.

    학교 현장에서 자주 마주치는 앞의 질문들을 바탕으로 국악 교육의 주안점을 정리하면 다음과 같다.

Q1 장단의 호흡법에 대한 교육은 장단을 흥겹게 표현하는 방법을 익히는 것뿐만 아니라 국악곡을 이해하는 밑거름이 되므로 매우 중요하다. 서양음악의 반주와 동일한 개념으로 생각하기보다는 국악이 지닌 특질적인 요소로서 장단을 이해하여야 한다.

Q2 국악의 가창 영역의 지도에서 기본적으로 호흡, 발음, 발성, 목/시김새 등은 함께 고려되어야 할 요소이다. 민요를 잘 부르기 위한 발성은 서양음악과는 다른 특유의 방법이 있으며, 기본적으로 단전호흡을 통해 육성으로 소리 내도록 지도한다.

Q3 단소와 소금과 같은 국악 관악기 교육에서 학생들이 쉽게 접근할 수 있는 다양한 방법을 통해 소리내기를 지도하고, 소리내기에 대한 긍정적 강화를 해주도록 한다. 또한 입김에 따른 소리의 성질을 이해하여 체계적으로 지도하는 것이 필요하다.

Q4 국악은 유동음을 인정하며, 시김새의 표현을 중요하게 여긴다. 시김새란 선율선이나 가락의 자연스러운 연결이나 유연한 흐름을 위하여, 또는 화려함과 멋스러움을 위하여 어느 음에 부여되는 표현 기능을 뜻하는 용어이다. 각 민요의 토리에 맞게 시김새를 교육하여 지역별로 서로 다른 민요의 느낌을 이해하도록 하는 것에 주안점을 주도록 한다.

Q5 전통 음악에서 추임새는 연주자가 연주를 할 때 고수 또는 청중이 감탄사를 내면서 흥을 돋우는 것으로, 수업 시간에 추임새를 활용한 교육은 국악 시간을 신명 나게 해줄 수 있다. 따라서 추임새에 대한 교육은 신명나는 국악 교육 시간을 위해 적절하게 활용되는 것이 좋다.

Q6 우리 문화 속에서 국악곡은 한순간에 창작된 것이라기보다는 여러 세대를 거치면서 생활 속에서 자연스럽게 덧붙여지고 변화된 산물이다. 학생들의 실생활 경험과 생각을 바탕으로 새로운 가사 만들기, 가락 창작하기, 춤 만들어 발표하기 등의 활동으로 '국악곡을 새롭게 만들어 간다'는 의식을 길러 주도록 지도한다.

Q7 국악 수업은 쉽고 간단한 활동에서 어렵고 복잡한 활동으로 진행되도록 단계적으로 구성하되, 학생마다 수준의 차이가 있으므로 개별화 교육을 통해 학생들이 모두 즐길 수 있도록 한다. 예를 들면, 민요 가락 창작하기 활동에서 기본 2음계, 3음계, 5음계 순으로 지도하고, 기본 음계 학습 후에는 시김새를 더하는 활동으로 수준을 높이도록 한다.

Q8 학생들이 국악에 친숙함을 느끼기 위해서는 국악에 대해 열린 마음으로 다양한 미디어를 활용할 수 있도록 안내하는 것이 필요하다. 예를 들면 여러 가지 국악 애플리케이션을 활용하는 것은 매우 유용하다. 이러한 애플리케이션들은 기본적으로 국악곡에 대한 연주 영상이나 음향을 제공하고 있으며, 전문적인 국악 강좌를 제공하고 있기 때문이다.

Q9 국악의 평가는 가능한 각 영역의 내용을 서로 통합하여 평가하도록 한다. 그리고 특정 기능이나 지식의 전달에 집중하기보다 국악을 통해 서로 소통하고 공감하는 활용 중심의 평가를 실시하면 학생들이 국악에 대한 친밀감을 높일 수 있다. 이를 위하여 국악을 즐기는 태도를 지닐 수 있도록 정의적 영역에도 중점을 두어 평가한다.

01 국악 교육, **왜** 해야 할까요?

우리 전통 음악을 어릴 적부터 경험하는 것은 매우 중요한 일이다. 왜냐하면 국악 속에는 우리 조상들의 정서와 감정이 가장 한국적인 표현 방법으로 용해되어 있어서 자라나는 청소년들에게 내 나라, 내 민족에 대한 동질성과 우리 음악에 대한 자긍심을 느낄 수 있도록 도와주기 때문이다. 예를 들면 민요와 판소리는 민중의 생활과 정서를 반영하고 있어서 옛 사람들의 삶을 이해할 수 있는 좋은 재료가 될 수 있다. 우리나라 사람들은 노래를 부르며 일을 했고, 노래와 함께 놀이를 하였으며, 음악을 통하여 기쁨과 슬픔을 함께 표현하였다. 개인에 의해 창작되기보다는 사회공동체에 의해 만들어지고 오랜 시간을 거쳐 확립된 이러한 곡들은 음악의 기능과 역할을 이해하게 한다. 나아가 학생의 심미적 정서 순화를 통하여 건전한 인성 함양에 기여할 수 있다.

물론 옛 음악에 그대로 머물러 있어서는 안 되며, 전통 음악을 새롭게 변화시키려는 시도들이 요구된다. 이러한 시도들은 학생들에게 친숙하고 재미있는 음악으로서 국악을 배워갈 수 있는 인식의 변화를 줄 수 있다.

가 국악 교육의 지향점

학교 현장에서 국악 교육의 지향점은 다음과 같다.

첫째, 우리나라 고유의 언어, 음식 등의 문화와 더불어 한국인이 배우고 익혀야 할 음악 문화로서의 공감대를 형성하도록 한다.

둘째, 국악이 가지고 있는 고유한 아름다움과 신명을 체험하도록 한다.

셋째, 문화적인 정체성을 지니면서도 세계의 여러 음악 속에서 함께 공유될 수 있는 보편성을 키워줄 수 있도록 한다.

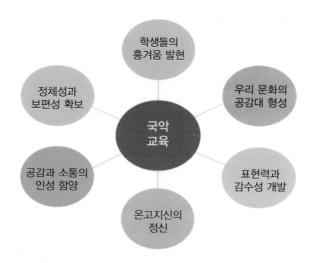

넷째, 국악 활동을 통하여 더불어 즐길 줄 알며, 서로 공감하고 소통하는 체험을 통하여 올바른 인성을 함양하도록 한다.

다섯째, 국악은 전통 음악인 동시에 현시대에서도 변화하고 발전시킬 수 있는 음악임을 수용하는 온고지신(溫故知新)의 정신을 함양하도록 한다.

여섯째, 국악이 지닌 요소를 활용하여 학생들의 표현력과 감수성을 개발하고, 이를 통하여 자아 정체성을 확립하도록 한다.

나 국악 교육의 과제

국악의 맛과 멋을 살릴 수 있도록 하기 위한 국악 교육의 과제는 다음과 같다.

첫째, 우리 문화의 전통과 세계의 다양한 문화를 함께 이해할 수 있는 가치 및 우리 음악의 아름다움에 대해 느낄 수 있는 수업이 되도록 한다.

둘째, 국악 중심의 통합적인 문화 예술 교육 방법을 활용하여 단조로움을 탈피하는 교육이 되도록 한다.

셋째, 학생들의 이해를 높일 수 있고, 쉽게 익힐 수 있도록 단계적이고 체계적인 국악 수업을 구안(具案)하도록 한다.

넷째, 국악의 전통 어법의 특징을 살리면서도 자신의 생각과 느낌을 자유롭고 창의적으로 표현할 수 있는 교수-학습 방법을 마련한다.

다섯째, 학습자 스스로 국악 교육 내용을 찾아 배우고 생활 속에서 즐기는 실천 방법을 찾도록 한다.

02 국악 수업, **어떻게** 해야 할까요?

가 국악 수업의 흐름

음악 수업은 크게 두 단계로 나누어지는데, 악곡을 이해하고 알아가기 위한 '음악 감지 단계'가 있으며, 감지한 음악을 잘 표현하기 위해서는 수업에서 과제에 대해 전략을 결정하고 실행하는 활동으로써 '음악 표현 단계'가 있다. 음악을 '감지'하고 '표현'하는 두 단계는 다시 세분되는데, 예컨대 도입과 전개1 단계가 음악을 '감지'하는 단계로, 전개2, 전개3, 정리 단계가 음악을 '표현'하는 단계로 설정할 수 있다. 초등학교 국악 수업을 위한 5단계 교수 – 학습 방법 및 각 단계별 특성을 제시하면 [그림 1]과 같다.

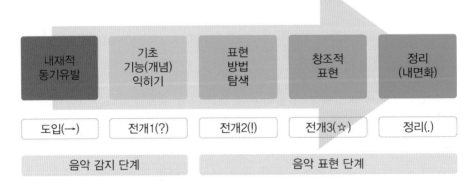

|그림 VI - 1| 국악 수업의 흐름 구성

도입 단계에서는 동기유발을 통하여 '수업의 방향과 순서'를 제시하는 활동을 한다. 이어서 전개1 단계에서는 '호기심을 유지'하면서 수업 목표와 관련 있는 음악적 기초 기능이나 개념을 익히도록 한다. 전개2 단계는 수업에서 필요한 '음악적 핵심 요소를 학습'하도록 하는 표현 방법 탐색 활동을 한다. 전개3 단계는 학생들의 '음악적 창의성을 신장'할 수 있도록 배운 내용을 적용하는 방향으

로 구성하는 것이 효과적이다. 정리 단계는 수업을 정리하고 마무리하면서 학습한 내용에 대해 '자신감 길러주기' 활동을 하는 것이 좋다.

국악 수업을 위한 단계를 '내용'과 '방법' 측면에서 다섯 단계로 구분하여 나타내면 [표 1]과 같다.

내용 단계	체계적인 내용 제시	효과적인 수업 방법	기호	5C
도입	내재적 동기유발	수업의 방향과 순서 제시	(→)	course
전개1	기초 기능(개념) 익히기	음악에 대한 호기심 갖기	(?)	curiosity
전개2	표현 방법 탐색	음악적 핵심 요소 학습	(!)	core
전개3	창조적 표현	음악적 창의성 키우기	(☆)	creativity
정리	정리(내면화)	정리 및 자신감 기르기	(.)	confidence

|표 VI - 1| 국악 수업을 위한 수업 단계별 내용과 특성

나 국악 교육을 위한 지도 전략

국악 교육에서 새로운 방법에 대한 모색은 국악의 이해를 위한 교수-학습 과정에서 학습자가 과제 해결을 위해 총체적으로 학습하는 것에 바탕을 두고 있다. 학습자가 과제 해결의 상황에서 새로운 아이디어와 그 관계를 이해할 수 있도록 음악적 경험에 참여하도록 기회를 주는 활동이 기초가 되어야 한다. 국악의 어법을 익히기 위한 단계적인 방법이 고정되어 있는 것은 아니지만 기초적인 호흡법을 체득하기 위한 장단 지도에서부터 창작 지도까지의 흐름을 제시하면 다음과 같다.

1) 흐름을 살리는 장단

● 장단(長短)의 이해

'한 악곡이 지닌 고유한 리듬꼴'을 '장단(長短)'이라고 한다. 장단에는 강세, 빠르기 등의 개념도 포함하고 있다. 국악에서 장단은 단순히 악곡의 반주라고 해석하는 것 이상으로 중요성을 지닌다. 대체로 한 악곡의 선율은 대부분 장단의 틀 속에서 만들어지기 때문에 악곡과 분리되지 않는 상생과 조화로움의 의미를 지닌다.

장단에 대한 지도는 국악 교육에서 기초가 되는 것으로서 단순히 리듬꼴을 익히는 것보다는 장단이 지니고 있는 고유한 호흡법과 기초 개념을 익히는 것에 중점을 둔다. 장단의 지도에 있어서 유의할 점은 교과서에 제시되어 있는 형태의 리듬꼴이 전부가 아니라, 기본적인 장단의 호흡과 빠르기 안에서 얼마든지 새롭게 바꿀 수 있다는 의식을 갖게 하는 것이다. 즉, 고정적인 틀에 갇히지 않고, 창의적으로 표현할 수 있도록 도와주어야 한다.

● 3소박 4박의 장단 호흡법 지도

우리나라의 장단은 여러 구조가 있지만, 그중 초등학교에서는 3소박 4박자 장단(자진모리장단, 중중모리장단, 굿거리장단)이나 3소박 3박자 장단(세마치장단), 2소박 4박자 장단(별달거리장단, 휘모리장단)을 주로 지도한다. 3소박 4박자는 3개의 작은 박이 모여서 4박자를 이루는 것으로서 국악 장단을 구성하는 기본 형태이다. 전통 음악의 장단 구조는 3소박 전체가 하나의 호흡으로 이어지는 '강.약.중(드는 소리)'의 3집합으로 표현된다.

일반적으로 처음 시작되는 머리장단은 '강'으로만 연주되고 3소박 리듬형의 마지막 '중(들)'으로 표현된다. 이때 '중'박은 '드는 소리(들숨)'라 표현할 수 있다. 그래서 '강'으로 처음 시작되는 머리장단의 호흡을 치는 동시에 호흡을 들이 마시면서 '약-중(들)'으로 연결하므로 일종의 'Up Beat'의 구조라 볼 수 있다. 무용이나 풍물에서 사용되는 오금(굴신)을 주는 것이 위에서 살핀 'Up Beat'를 반영한 셈이다. 이것을 호흡선으로 나타내면 다음과 같다.

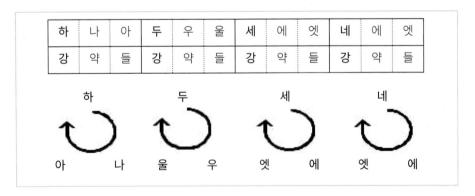

|악보 VI - 1| 전통 음악의 3소박 호흡법(굿거리형)

첫 박 '하'에서는 강세를 두는 지점으로 호흡이 시작되는 부분이다. 이때 원을 그리듯 몸을 숙여 내리면서 고개를 앞으로 숙이는 동작으로 호흡을 표현한다. 가운데 박 '나'에서는 호흡을 다시 끌어 올리는 지점으로 몸을 서서히 펴 올라가 도록 한다. 마지막 박 '아'에서는 '나'에 이어서 상체와 고개를 위로 들고 다음에 이어질 '두'에 연결할 준비를 한다. 이와 같은 과정을 거치고 나면 위의 3박을 한 묶음으로 하여 네 묶음을 연결한다. 그래서 전통 음악 장단의 호흡은 끊어지지 않고 계속 순환·반복되는 형태를 가지게 된다.

● **말놀이를 통한 장단 교육**

말놀이는 문자나 말을 소재로 하여 노는 놀이를 뜻하며 여러 가지 형태 중 장 단 교육과 관련된 말놀이는 말짓기놀이, 구음으로 연주하기 등이 있다. 말놀이는 의태어, 의성어 등을 활용하여 순수한 우리말을 익히기에 적합한 소재가 되며, 말놀이와 함께 학습하는 장단 교육은 이후 전래동요나 민요를 배우는 데에 기초 가 될 수 있다. 따라서 말놀이를 통하여 장단의 호흡을 자연스럽게 익히도록 지 도하고, 반복 활동을 통하여 학생들이 장단에 대해 친밀감을 느끼도록 한다.

말놀이를 통한 장단 지도는 자진모리장단을 들어보는 활동에서부터 시작하 며, 장단의 기본박을 손뼉으로 연주해 보도록 하여 호흡을 익히도록 한다. 기본 박에 대한 연습 후에는 무릎장단치기, 오금주며 걷기, 어깨춤추기와 같은 간단 한 신체 활동으로 움직여 보도록 한다.

<자진모리장단으로 읽어 보기>

깡		총	깡		총	토		끼	처	럼	
우	리		모	두		뛰		어	보	자	

<굿거리장단에 어울리는 새로운 구음 만들어 보기>

고	-양	이	떼구	르르		다	-람	쥐	쪼르	르르	

|악보 Ⅵ - 2| 자진모리장단과 굿거리장단을 구음으로 읽기

2) 가락에 멋을 더하는 시김새

● 시김새의 의미와 종류

'시김새'에서 '시김'이라는 말은 음식의 '삭임'이 '식임'으로 변화된 것으로서 모양을 뜻하는 '새'와 결합하여 '식임새'가 된 것으로 보인다. 시김새란 좁은 의미에서는 선율을 이루고 있는 골격음의 앞이나 뒤에서 그 음을 꾸며 주는 역할을 하는 장식음이나 음 길이가 짧은 잔가락을 말한다. 넓은 의미의 시김새에는 표현 기능(떠는소리(요성), 구르는소리(전성), 밀어올리는소리(추성), 흘러내리는소리(퇴성), 그리고 연주법상의 특수 주법)도 포함된다.

● 다양한 방법으로 시김새 표현하기

학생들에게 시김새를 표현하는 것을 지도하기 이전에 다양한 시김새를 관찰한 후 가장 아름다운 시김새는 무엇인지 탐구하도록 하는 것이 좋다. 전래동요나 민요를 익히는 과정에서 전문가가 표현하는 시김새를 잘 들어 보고, 시김새의 쓰임이 무엇인지, 시김새가 표현되는 음은 어느 음인지, 토리에 따라서 시김새가 어떻게 달라지는지 찾아보도록 한다. 이후 시김새를 그림이나 신체 활동, 묘사하는 글쓰기 등으로 재미있게 표현해 보도록 한다.

단계	활동 내용	활동 방법
1	시김새의 의미와 종류 이해하기 및 배우기	여러 가지 시김새 관찰하기
2	노래에서 시김새가 필요한 까닭 토의하기	시김새의 필요성 토의하기
3	시김새 표현을 위한 재미있는 방법 모색하기	시김새 표현 방법 구상하기
4	다양한 방법으로 시김새 표현하기	그림, 신체 활동, 글쓰기

|표 VI - 2| 단계적 시김새 지도하기

시김새 표현하기 지도에서 한 가지 더 고려할 점은 전래동요나 민요의 가락을 아래 위로 자유롭게 변화시켜서 표현함으로써 좀 더 풍부한 소리를 만들어 낼 수 있게 하는 것이다.

시김새를 음의 변화덩이로 보아야 한다는 생각은 시김새가 악보상에 어떠한 음정이나 율명으로 기보되어 있다고 할지라도, 정확한 음고를 표시해 준다고 볼 수 없다는 사실과도 서로 통한다. 따라서 시김새를 지도할 때 학생들이 자신의 감정을 잘 표현할 수 있는 방향으로 허용적인 시각을 가지고 지도하는 것이 필요하다. 예를 들면 '떠는소리'를 표현할 때 전문가가 소리 내는 것을 잘 듣고 비슷하게 표현하도록 지도하되, 떠는 횟수, 강도, 음색 등에서는 다양한 방법으로 변화를 줄 수 있도록 하고 가락의 자연스러운 흐름이 되는 것을 강조하여 지도하도록 한다.

3) 민요의 토리와 국악 발성

● 민요의 토리 지도 방법

민요에서 '토리'라는 말은 원래 음악적인 용어였다기보다는 '실을 둥글게 감은 뭉치', '화살대의 끝에 씌운 쇠고리', '흙의 메마르고 기름진 성질'을 뜻하는 '토리'라는 말에서 왔을 가능성이 크다. 일반적으로 국악에서의 토리는 음 구조, 음 비중, 음 기능, 시김새 등과 같은 여러 총체적 특성을 지닌 개념으로 사용되고 있다.

각 지방마다 말이 다르고 음식이 다르고 문화가 다른 것과 같은 이치로 노랫말이나 노래 속에서 표출되고 있는 정서는 비슷하다고 할지라도 그것을 표현하는 음악적인 어법인 토리는 서로 다르다. 토리는 다음의 단계로 지도하면 효과적이다.

단계	내용
1	각 민요의 중심음 기능을 하는 두 음(솔-레, 미-라 등)으로 된 노래를 익히거나, 두 음을 소리 내어 보기(기초 음악 단계)
2	각 민요의 3음 또는 5음으로 된 노래 불러 보기
3	특정한 토리의 특징적 시김새(떠는 소리, 꺾는 소리, 흘러내리는 소리) 등을 지도
4	장단을 다르게 하여 부르기, 노래 가사 만들어 부르기, 일부 가락 변형하여 부르기 등 민요를 변형하여 부르기

|표 VI - 3| 민요의 단계적 지도

국악의 가창곡을 지도할 때는 음계와 토리 같은 음악적인 요소의 지도에 더하여 다른 분야와 융합시켜 지도하는 것이 효과적이다. 이를테면 국어 교과와 연계하여 가사에 대한 의미 탐색을 해 볼 수 있다. 그리고 체육 교과와의 연계를 통하여 노래를 부르며 다양한 신체 활동으로 구성할 수 있으며, 미술 교과와 연계하여 노래에 어울리는 장면을 그리는 수업도 구성할 수 있다.

● 국악 노래(전래동요, 민요)의 발성 지도 방법

전래동요나 민요 등 국악 노래를 지도할 때 가장 먼저 선행되어야 할 것은 호흡인데, 단전호흡을 통해 노래하도록 한다. 단전호흡에 의한 호흡법은 단전의 힘으로 호흡을 조절하고 잡아주는 방식이다. 단전호흡은 들이마신 숨을 하단전에 저장하여 단단히 한 다음 단전에 힘을 받쳐 서서히 밖으로 뿜어내는 호흡법이다. 단전호흡에 의한 발성법은 가성이 아닌 육성을 토대로, 성대에 직접 힘을 가하여 소리를 곧게 쭉 뽑아내어 전달하는 느낌으로 소리를 내는 것이다. 즉, 단전에 모아진 숨(공기)이 인두강(성대의 바로 위에서 구강과 비강으로 연결되는 공간)을 지나 구강과 비강을 거치면서 입술로 빠져 나오는 발성법이다.

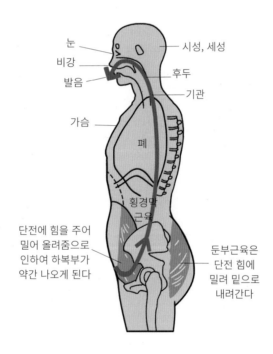

눈

비강

발음

가슴

시성, 세성

후두

기관

폐

횡경막 근육

단전에 힘을 주어
밀어 올려줌으로
인하여 하복부가
약간 나오게 된다

둔부근육은
단전 힘에
밀려 밑으로
내려간다

|그림 Ⅵ - 2| 전통성악의 발성

국악 가창에서 소리를 다듬는 단계를 제시하면 아래 표와 같다.

요소＼단계	1	2	3	4
호흡	◦ 숨쉬기 ◦ 여러 가지 상황에서 호흡량 조절하기	◦ 단전 호흡하기 ◦ 긴 호흡하기 ◦ 긴장하거나 이완하여 소리내기	◦ 말하듯이 호흡하여 부르기 ◦ 가락의 변화에 따라 호흡량 조절하기	◦ 노래에 알맞은 호흡으로 부르기
발음	◦ 자기 입모양 관찰하기 ◦ 여러 가지 입모양으로 소리내기	◦ 정확한 발음으로 소리내기 ◦ 의성어, 의태어로 소리내기	◦ 발음의 묘미 살려 단어 표현하기	◦ 단어의 모음 길게 늘여서 부르기
발성	◦ 소리의 울림 듣기 ◦ 울림의 다양한 원인 찾아 보기	◦ 가깝게/멀리 소리내기 ◦ 어둡게/밝게 소리내기 ◦ 세게/여리게 소리내기	◦ 통성 및 세청으로 소리내기 ◦ 통성-세청-통성 연결해서 소리내기 ◦ 풍부한/절제된 소리내기	◦ 여러 가지 발성으로 소리내기
목/시김새	◦ 자신의 목소리 듣기 ◦ 자신의 목소리로 다양한 소리내기 ◦ 친구/동물의 소리 듣고 따라하기	◦ 상황에 따른 소리내기 ◦ 개성적인 소리내기 ◦ 여러 가지 억양으로 소리내기 ◦ 한번 소리낸 음을 변화시키기	◦ 여러 가지 목으로 소리내기 ◦ 여러 가지 시김새로 소리내기	◦ 여러 가지 목을 사용하여 다양한 가창곡 부르기

|표 VI - 4| 국악 가창의 소리내기

4) 공감과 소통을 위한 추임새

전통 음악에서 추임새는 연주자가 연주를 할 때 고수 또는 청중이 감탄사를 내면서 흥을 돋우는 것이다. 전통 음악 중 특히 민속악에서는 연주자와 청중과의 교감을 중요시하며, 공연에서 청중도 추임새를 하면서 연주에 동참하게 된다.

추임새 지도는 추임새의 의미와 쓰임에 대해 이해하기를 시작으로, 악곡을 감상하거나 노래하는 활동에서 여러 가지 추임새를 실제로 해보는 활동으로 이어진다. 처음에는 몇 명의 학생 또는 한 모둠을 정하여 연주(노래) 대신 추임새만 하도록 해 보고, 익숙해지면 모두가 자연스럽게 추임새를 할 수 있는 방향으로 지도하면 효과적이다. 추임새는 정해진 것이 없기 때문에 학생들의 경험이나 생각을 담은 추임새를 만들어 보도록 할 수 있다. 활동을 해 본 후, 노래에 어울리는 추임새를 만들어 함께 불러 보도록 한다. 추임새 학습의 단계 및 내용을 제시하면 아래 표와 같다.

학습 단계	학습 내용	학습 활동	준비물
추임새 이해하기	추임새의 의미 알기	◦ 추임새의 뜻 이해하기 ◦ 전통 음악에서 추임새의 의미 알기	
	추임새의 쓰임 이해하기	◦ 추임새의 유무에 따른 연주의 분위기 느껴보기	학습지
추임새 익히기	추임새 하며 감상하기	◦ 추임새 하는 방법 알기(노래가 쉬어 갈 때 또는 장단의 마지막 부분) ◦ 추임새 하며 음악 감상하기(판소리, 산조 등)	감상곡, 학습지
	추임새 하며 노래 부르기	◦ 배운 민요를 활용하여 친구들이 부르는 노래에 추임새 하기	
추임새 창작하기	노래에 어울리는 추임새 만들어 부르기	◦ 새로운 추임새 만들어 보기 ◦ 노래에 어울리는 추임새를 만들어 보기	학습지
추임새로 소통하기	생활 속에서 추임새 활용하기	◦ 생활 속에서 추임새 활용하기 ◦ 추임새로 친구와 공감 및 소통하기	

|표 VI - 5| 추임새 지도하기 방안

5) 체계적인 단소 소리내기 및 연습방법

● 입김의 성질에 따른 단소 소리의 지도 순서

단소 소리의 효과적인 지도 방법을 위해서는 소리를 단계적으로 지도하는 것이 중요하다.

기존의 단소 지도 방법도 낮은 음을 '汰→潢→無→林→仲' 순(또는 역순)으로, 높은 음을 '㳻→淋→潕→潢→汰'의 순으로 익히게 하는 것이었다. 이는 단소 소리를 내기 위한 입김의 성질을 고려하지 않은 방법으로 단소 교육을 어렵게 만든 중요한 요인 중에 하나였다.

단소의 소리를 입김의 성질에 따라 분류하면 '가운데 소리', '낮은 소리', '높은 소리'의 셋으로 구분할 수 있으며 아래 표와 같다.

소리의 분류	음이름	입김의 세기	입김의 양	입김의 속도
높은 소리	潕, 潢, 汰	강하게	적게	빠르게
가운데 소리	無, 潢, 汰, 㳻, 淋	보통으로	보통으로	보통으로
낮은 소리	仲, 林	약하게	많이	느리게

|표 Ⅵ - 6| 입김에 따른 단소 소리의 성질 분류

단소 곡을 분석하여 보면 汰와 같은 입김으로 연주할 수 있는 가운데 소리의 비율은 대부분의 곡에서 70~80% 정도이다. 즉, 汰 소리를 연주할 수 있으면, 입김을 다르게 하지 않고 운지법만 익혀 연주할 수 있는 가락이 많기 때문에 가운데 소리를 먼저 지도하는 것이 효율적이다.

입김의 성질에 따른 단소 소리의 지도 순서는 ①소리내기(汰)→②가운데 소리내기 Ⅰ(潢, 無)→③가운데 소리내기 Ⅱ(㳻, 淋)→④낮은 소리내기(林, 仲)→⑤높은 소리내기(潕, 潢, 汰) 순으로 하는 것이 좋다. 㳻과 淋에 비하여 입김의 성질을 달리하여 소리를 내야 하는 낮은 소리(仲과 林)를 먼저 학습하게 되면 연주할 수 있는 곡의 범위가 매우 좁아진다. 또한 학생들에게 㳻과 淋의 소리내기가 어렵다는 선입견을 심어 주게 되어 단소 학습을 어렵게 만들 수 있다. 단소 소리내기의 효율적 단계를 제시하면 다음과 같다.

|표 Ⅵ - 7| 단소 소리의 학습 순서

● 단소 학습을 위한 다양한 연습 방법

단소 학습에서 먼저 한 음을 중심으로 하행하였다가 상행하기(또는 반대의 방법) 연습은 순차적으로 음이 진행되기 때문에 운지법을 익숙하게 하는 데에 도움이 된다([악보 Ⅵ - 3] 참고). 제일 먼저 汰를 중심으로 연주할 수 있으며, 無, 潢,

㳞, 淋, 潕의 음이 모두 가능하다.

汰	潢	無	潢	汰	㳞	淋	㳞	汰			△
汰	㳞	淋	㳞	汰	潢	無	潢	汰			△

|악보 VI - 3| 한 음을 중심으로 하행 및 상행하기 연습(汰를 중심으로 하행 및 상행하기)

　순차적으로 음을 진행하는 것이 익숙해지면 '한 음 건너내기' 및 '두 음 건너내기' 연습을 통해 자신감을 얻도록 한다. 한 음 건너내기는 仲↔無, 林↔潢, 無↔汰, 潢↔㳞, 汰↔淋 …… 과 같이 세 음 간의 간격에 의한, 두 음 건너내기는 仲↔潢, 林↔汰, 無↔㳞 ……과 같은 네 음 간의 간격에 의한 단소 익히기를 의미한다. 이 방법은 난이도가 있는 곡을 연주하기 전 많이 연습하도록 한다.

仲		無	林		潢△	無		汰	潢		㳞△
仲		潢	林		汰△	無		㳞	潢		淋△

|악보 VI - 4| 단소의 한 음 건너내기 및 두 음 건너내기

　다음으로 옥타브 연습하기 방법인데, 仲↔㳞, 林↔淋, 無↔潕, 潢↔㶂, 汰↔㳛와 같이 옥타브 관계에 있는 음들을 소리 내면서 연습하는 것이다. 단소는 汰↔㳛를 제외하고는 같은 운지법에서 입김의 성질에 따라서 다른 소리가 나므로 입김을 조절하는 데에 효과적이다. 저음↔고음이 익숙해지면, 고음↔저음으로 바꿔가면서 부드럽게 소리를 낼 수 있도록 연습한다.

仲		㳞	林		淋△	無		潕△	潢		潢
潢		潢	潕		無△	淋		林	㳞		仲△

|악보 VI - 5| 단소의 옥타브 연습하기

6) 국악의 창의적 표현 활동

● 국악 수업에서 창작 수업 방법

　기존의 국악 장단과 가락을 바탕으로 새로운 장단과 가락을 만들어 보는 활동, 새로운 가사로 노래를 불러 보는 활동은 옛 것을 익혀 오늘날의 음악을 풍부하게 만들어 가는 과정이 될 수 있다. 이를 통하여 국악의 어법 터득 및 국악 활용 능력의 신장을 이끌 수 있다. 장단의 변형은 기본 장단을 익힌 후 '여러 가지 리듬꼴로 바꾸어 연주하기' 방법(수업의 실제 참고)과 '빠르기를 달리하여 연주하기' 방법 등이 있다. 단소의 경우는 기본적인 음계를 바탕으로 두 음에서 시작하여 다섯 음까지 음의 개수를 늘려 가면서 창작하도록 지도한다(수업의 실제 참고). 전래동요나 민요의 가장 기초적인 창작 방법은 가락의 리듬을 변화시키는 '말붙임새 변형하기' 방법과 '노랫말 바꾸어 부르기'가 있다. 지역별 토리에 바탕을 둔 전래동요나 민요의 가락을 창작하는 방법은 앞에서 설명한 '[표 Ⅵ - 3] 민요의 단계적 지도'를 활용할 수 있다.

● 창의적으로 '강강술래' 표현하기

우리 문화 속에서 춤은 한순간에 창작된 것이라기보다는 여러 세대를 거치면서 생활 속에서 자연스럽게 덧붙여지고 변화된 산물이며 강강술래도 예외는 아니다. 강강술래는 둥글게 원을 만들어서 춤을 추는 원무가 중심이 되지만, 고사리꺾기, 남생아 놀아라, 대문놀이, 가마타기 등 여러 가지 놀이가 춤으로 형상화되어 함께 활용되고 있다. 강강술래는 지역에 따라서 다양한 방법으로 추어지고, 시대나 상황에 따라서 사람들의 삶 속에서 변화되어 전승되고 있는 춤이다.

강강술래의 이러한 가역성과 다양성에도 불구하고 현 교육과정에서는 전래되어 온 강강술래의 전승에 중점을 두고 그대로 따라하는 활동이 주를 이루고 있다. 그렇다면 아이들이 강강술래를 신명나게 즐길 수 있는 방법은 없을까? 또한 강강술래를 통하여 자기가 가진 재능을 표현함으로써 자신감을 키울 수 없을까? 이를 위해서는 강강술래가 아이들의 삶과 연관된 소재를 바탕으로 자연스럽게 변형되고 새롭게 창작될 필요가 있다. 그 과정 속에서 학생들은 다양한 음악적 표현을 경험하게 된다. 특히 다른 교과의 연계를 통하여 아이들의 흥미를 유발할 수 있는 프로젝트 형태의 수업 방안을 제시하면, 다음 표와 같다.

학습 단계	학습 내용	학습 활동	교과융합
강강술래 변형하기	강강술래 음악변형하기	◦ 3음으로 된 남도 민요 선율 만들기 ◦ 강강술래에 새로운 선율 넣어 보기 ◦ 음악(가사) 창작하기 및 춤 창작하기	음악
	강강술래 음악변형하기	◦ 다양한 악기로 강강술래 연주하기 ◦ 새로운 후렴구 만들어 보기	국어
	가사 바꾸기	◦ 영어로 된 강강술래 만들어 보기 ◦ 자신의 삶과 관련된 가사로 바꾸어 부르기	
	노래에 맞는 춤 만들기	◦ '쾌지나 칭칭나네' 또는 '옹헤야' 가락을 육자 배기토리로 변형하여 불러보기 ◦ 노래에 어울리는 춤 만들기	체육
동물 관련 강강술래 익히기 및 창작하기	남생아 놀아라	◦ 노래 익히기 및 노래 가사 바꾸기 ◦ 여러 동물 흉내 내며 춤추기	체육
	청어엮기(풀기)	◦ 노동요의 의미 알아보기 ◦ 청어엮기(풀기) 춤추기 ◦ 다양한 방법으로 엮기 및 풀기 하기	
	쥔쥐새끼	◦ 노래 익히기 및 신체표현하기 ◦ 술래 잡기 놀이를 변형하여 춤 만들기	
	개구리타령	◦ 노래 익히기 및 신체표현하기 ◦ 개구리 흉내 내며 놀이하기	
놀이 관련 강강술래 익히기 및 창작하기	대문놀이	◦ 대문놀이 노래 익히기 및 놀이하기 ◦ 런던 브릿지 놀이와 비교하기	체육
	고사리꺾기	◦ 노래 익히기 및 놀이하기 ◦ 고사리꺾기와 비슷한 형태의 춤 창작하기	
	덥석몰자(풀자)	◦ 노래 익히기 및 신체표현하기 ◦ 달팽이 놀이를 변형하여 춤 창작하기	
	스포츠 형상화한 춤 만들기	◦ 발야구, 피구를 변형하여 그것을 형상화한 춤 창작하기 ◦ 좋아하는 스포츠를 조별로 창작하여 발표하기	
	전래놀이 변형하여 춤 창작하기	◦ 팽이치기, 제기차기, 연날리기 등을 변형하여 춤 만들기 ◦ 그 외의 여러 전래놀이를 춤으로 만들어 보기	
	손수건 돌리기	◦ 손수건 돌리기 놀이하기 ◦ 손수건 돌리기 놀이를 변형하여 강강술래 놀이 만들기	

	강강술래 연결을 위한 회의	◦ 강강술래 연결 종목 확인하기 ◦ 강강술래 연결 종목 정하기 위한 토의하기	
강강술래 공연하기	공연 준비	◦ 공연 연습하기 ◦ 자신의 역할 연습하기 ◦ 소품 및 배경 준비하기 ◦ 초대장 만들기	국어
	공연하기	◦ 공연하기 ◦ 공연 평가하기	

|표 Ⅵ - 8| 창의적으로 강강술래 표현하기

강강술래는 지금까지 전승되어 오는 과정 속에서 여러 가지 노래와 놀이가 삽입되어 형성된 음악이다. 새로운 시대에 전할 수 있는 강강술래는 현재의 삶이 녹아있는 강강술래가 되어야 한다. 이를 위하여 전통적인 강강술래 놀이를 이해한 후, 모두가 어울려 춤추고 강강술래 놀이를 여러 가지로 변화시켜 새로운 놀이를 만들어 가는 과정에서 문화적인 공동체 의식을 키울 수 있다.

7) 국악 지도에서 테크놀로지의 활용

가) 온라인 콘텐츠

교사들은 온라인상으로 이루어지는 학습에 대해서 스스로 즐길 수 있는 안내자 역할을 하여야 한다. 학생들이 온라인상의 다양한 콘텐츠에 자주 접근할 수 있도록 마중물 역할을 하는 것이 필요하다. 가상현실이나 증강현실을 이용한 콘텐츠 개발이 어느 정도 이루어져 있고, 앞으로도 이 부분에 대한 개발과 투자가 확대될 예정이므로 학생들이 직접 국악공연이나 악기 연주를 듣지 못하는 상황에서 대안이 될 수 있을 것이다.

학생들이 국악곡을 스스로 찾아보고 애호할 수 있도록 하기 위해서는 학기 초에 교사의 역할이 중요할 것이며, 교사들이 국악곡에 대해 소개하는 것이 선행되어야 한다. 이러한 바탕이 마련된 후에 학생들에게 교과서와 연계하여 유튜브와 같은 매체를 활용하여 다양한 디지털 콘텐츠를 찾아보게 한다. 특히 영상자료들은 청각적 정보와 시각적 정보가 함께 전달되기 때문에 기억을 더 오래 할 수 있을 뿐만 아니라, 다양한 감각을 활용한 지도를 통해 감상 효과를 높일 수 있다. 또한 자신이 만든 국악 관련 영상을 올리는 UCC(User Created Contetns: 사용자 제작 콘텐츠) 활동도 가능하다.

쉽게 접근할 수 있는 자료로, 국립국악원 홈페이지에서 '연구/자료' → '생활국악자료실'에서 '생활속의 국악', '신호음악', '의식음악', '국악동요대회 음원', '국악홍보영상', '국악반주음원' 등을 활용할 수 있다. 이뿐만 아니라 '연구/자료' → '국악아카이브(http://archive.gugak.go.kr/portal/main)'에서 국악곡을 스스로 감상하도록 도움을 주는 것도 좋은 방법이다. 예를 들면 '청소년이 꼭 알아야 할 우리음악과 춤 15선 : 우리음악과 춤 가까이 보고 듣기(해설편)'에는 다양한 악곡들이 자세한 설명과 함께 동영상으로 제공되고 있다.

나) 국악 애플리케이션

국악을 즐겨 듣도록 하기 위해서는 학생들이 휴대하고 있는 휴대폰의 애플리케이션을 활용하는 것도 하나의 방법이 될 수 있다. 최근 다양한 애플리케이션이 개발되고 있으며, 제공되는 콘텐츠도 급속도로 늘어나고 있다. 그중 대표적인 애플리케이션을 소개하면 [표 VI - 9]와 같다.

이름	모습	내용 및 활용 방안
e-국악아카데미 국악놀이터		◦ 국립국악원의 전문적인 국악 강좌 제공 ◦ 공연, 교육 영상 등의 이러닝 국악 학습 가능 ◦ 애니메이션, 게임 등을 활용한 국악 교육
우리 앙상블		◦ 평조회상, 현악영산회상, 천년만세 등 정총 60여 곡의 합주 제공(수제천, 자진한잎 등의 정악곡 및 산조합주 추가) ◦ 악기를 선택하여 듣기가 가능 ◦ 국악이론 영상 탑재를 통한 콘텐츠 제공(덩기덕덩 TV와 연계)
우리악기 톺아보기		◦ 디지털 악기 교과서 제공 ◦ 텍스트, 음원, 동영상 등을 이용해서 국악기 정보, 악기 명장들의 제작 과정, 명인들의 연주기법, 연주 음악 감상 ◦ 이용자가 직접 연주해 볼 수 있는 체험 가능

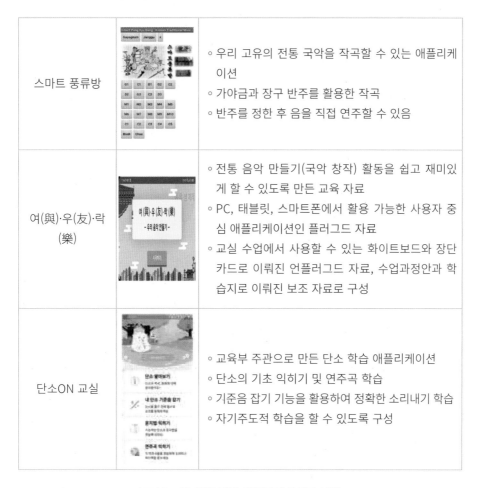

스마트 풍류방		◦ 우리 고유의 전통 국악을 작곡할 수 있는 애플리케이션 ◦ 가야금과 장구 반주를 활용한 작곡 ◦ 반주를 정한 후 음을 직접 연주할 수 있음
여(與)·우(友)·락 (樂)		◦ 전통 음악 만들기(국악 창작) 활동을 쉽고 재미있게 할 수 있도록 만든 교육 자료 ◦ PC, 태블릿, 스마트폰에서 활용 가능한 사용자 중심 애플리케이션인 플러그드 자료 ◦ 교실 수업에서 사용할 수 있는 화이트보드와 장단 카드로 이뤄진 언플러그드 자료, 수업과정안과 학습지로 이뤄진 보조 자료로 구성
단소ON 교실		◦ 교육부 주관으로 만든 단소 학습 애플리케이션 ◦ 단소의 기초 익히기 및 연주곡 학습 ◦ 기준음 잡기 기능을 활용하여 정확한 소리내기 학습 ◦ 자기주도적 학습을 할 수 있도록 구성

|표 Ⅵ - 9| 국악 관련 애플리케이션과 내용

이러한 애플리케이션들은 기본적으로 국악곡에 대한 연주 영상이나 음향을 제공하고 있으며, 전문적인 국악 강좌를 제공하고 있다. 감상 교육의 측면에서 보면 '우리 앙상블' 애플리케이션은 매우 효과적인데, 각 악곡을 연주하는 악기의 음색을 살펴볼 수 있으며 악기의 조합을 선택하여 합주로 들을 수 있다.

다) 국립국악원 앱을 통한 장단 창작 수업

그중 '국악놀이터' 애플리케이션을 적극 추천한다. 이 애플리케이션은 크게 장단배우기, 가락만들기, 합주로 구성이 되어 있으며 자진모리장단, 중중모리장단, 굿거리장단, 세마치장단을 디지털 악기(장구, 꽹과리, 징)를 이용하여 다양한 활동을 할 수 있도록 구성되어 있다.

'국악놀이터'의 기초적인 실행 방법은 다음과 같다.

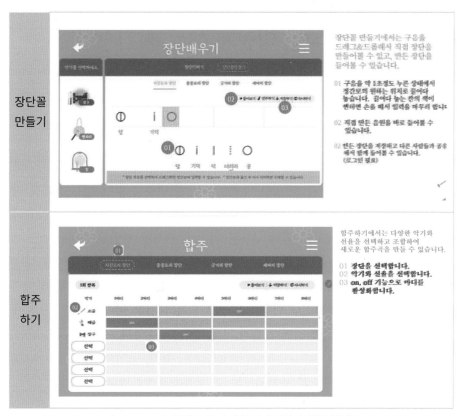

|표 VI - 10| 국악놀이터 애플리케이션과 실행 방법

국악 수업, **이렇게** 해보세요!

전통적으로 국악에 대한 지도 방법은 '구전심수(口傳心授)'라 하여 '듣고 따라하기'의 방법이 지배적이었다. 이러한 방법은 스승의 연주 능력이 제자에게 잘 전달되고, 제자의 입장에서는 모방을 통해 자신의 역량을 키울 수 있다는 장점이 있다. 그렇지만, 학교에서의 국악 교육은 기존의 이러한 방법을 탈피한 새로운 지도 전략이 필요하다. 본 교재에서는 국악 교육의 각 영역이 골고루 지도 내용에 포함될 수 있도록 하되, 쉽고 재미있으면서도 단계적으로 접근이 가능하도록 하였다. 수업에 대한 전반적인 안내와 차시별 활동 내용은 '수업 설계의 기초'에 제시하였으며, 수업의 전반적인 흐름과 교육 내용을 '수업의 구성 및 지도 방법'에서 밝혔다. 수업은 악기(장구), 장단, 민요, 감상, 창작, 융합(가(歌)·무(舞)·악(樂))의 6가지 지도 요소가 골고루 포함되도록 그 주제를 선정하였다.

가 장구 탐색하여 글쓰기

1) 어떤 수업인가요?

장구는 소고와 함께 초등학교에서 가장 흔하게 만날 수 있는 국악 타악기이며, 장단 교육을 위한 기초 악기로서 중요성을 지니고 있다. 이러한 수업에서 자칫하면 학생들의 흥미를 떨어뜨리게 되는 경우가 많다. 장단을 익히기 전에 장구를 살펴보고, 장구 소리를 탐색해 봄으로써 그러한 면을 완화시킬 수 있다. 자유롭게 장구를 관찰하고, 다양한 장구 소리를 만들어 본 후 자신의 감정이나 경험을 담아서 시를 만들어 발표하는 수업을 3차시 분량으로 제시한다.

영역	내용
학습 목표	◦ 장구에서 표현할 수 있는 소리를 찾을 수 있나요? ◦ 장구의 소리를 활용하여 자신의 감정이나 느낌을 표현할 수 있나요? ◦ 시를 만들어 친구들과 협력하여 발표할 수 있나요?
음악 개념	◦ 박, 박자 ◦ 음의 길고 짧음 ◦ 타악기의 음색
지도 전략	◦ 주제탐구 학습, 협력적 참여학습

|표 VI - 11| 장구 탐색을 통하여 장구와 친해지기 수업의 설계

● **차시별 수업 전략**

주제	차시	단계	활동 내용
국악기 탐색을 통하여 국악기에 재미 느끼기	1차시	도입 (→)	◦ (동기유발) 전문 연주자의 장구 연주 들어보기 ◦ 학습문제 제시
		전개1 (?)	◦ 장구 관찰하기 - 장구의 생김새 살펴보기 - 장구의 재료 및 간단한 역사 알아보기
		전개2 (!)	◦ 장구의 소리 탐색을 통하여 여러 가지 소리 찾아보기 - 장구에서 어떤 소리가 나는지 생각해 보기 - 장구로 만들 수 있는 소리 최대한 만들어 보기 - 장구의 궁편, 채편, 변죽, 조임줄, 울림통 등을 두드리며 소리 찾기
		전개3 (☆)	◦ 탐색한 소리 분류하기 및 발표하기 - 비슷한 소리들을 분류하기 - 조별로 발표하기
		정리 (.)	◦ 학습 내용 정리 및 평가 ◦ 차시예고

국악기 탐색을 통하여 국악기에 재미 느끼기	2차시	도입 (→)	◦ (동기유발) 오늘의 기분 이야기해 보기 ◦ 학습문제 제시
		전개1 (?)	◦ 장구 소리 탐색 및 어울리는 감정 이야기해 보기 - 장구의 다양한 소리 들어보기 - 장구 소리의 음빛깔에 대해 이야기하기 - 장구의 소리가 무겁다, 가볍다, 행복하다, 슬프다 등
		전개2 (!)	◦ 자신의 감정을 나타낼 수 있는 소리 모으기 및 표현하기 - 자신의 감정이나 느낌을 장구의 소리로 표현해 보기 - 장구의 소리와 어울리는 장면 이야기해 보기
		전개3 (☆)	◦ 연주하기 및 느낌 이야기하기 - 자신의 감정이나 느낌에 어울리는 장구 연주하기 - 장구 소리를 듣고 어울리는 장면 만들어 발표하기 - 다른 모둠의 발표를 듣고 어울리는 장면 맞춰보기
		정리 (.)	◦ 학습 내용 정리 및 평가 ◦ 차시예고
	3차시 (수업 예시)	도입 (→)	◦ (동기유발) 물건이나 사물이 되어 생각 이야기하기 ◦ 학습문제 제시
		전개1 (?)	◦ 장구가 되어 장구의 심정 이해하기 - 장구의 쓰임새 살펴보기 - '내가 만약 장구라면'으로 이야기 이어가기
		전개2 (!)	◦ 장구를 탐색하고 특징을 살려 시 만들어 발표하기 - 창의적으로 시를 만드는 방법 이해하기 - 장구의 특성 및 쓰임새를 탐색하여 모둠이 협력하여 시 만들기
		전개3 (☆)	◦ 만든 작품 발표하기 - 모둠별로 협력하여 만든 작품 발표하기 - 친구들이 만든 작품에 대해 평가하기
		정리 (.)	◦ 학습 내용 정리 및 평가 ◦ 차시예고

|표 VI - 12| 국악기 탐색을 통하여 국악기에 재미 느끼기 차시별 지도 전략

수업 TIP	더 해보기
1. (음악 교과 심화) 장구의 역사 및 쓰임에 관한 조사하기, 장구의 명인 인터뷰하기 2. (국어 교과 연계) 장구의 소리들에 어울리는 장면을 연결하여 이야기 만들어 발표하기 3. (국어 교과 연계) 장구를 관찰한 후 장구의 생김새와 관련하여, 장구의 유래에 관한 이야기 창작하여 만들기 4. (수학 교과 연계) 장구의 궁편과 채편의 지름, 둘레 등을 재어보고, 원주율 구해 보기 5. (미술 교과 연계) 새로운 장구 디자인 해보기(울림통 및 조이개 디자인하기, 새로운 형태의 장구 만들어 보기 등)	

2) 수업의 구성 및 지도 방법

▶▶ 내재적 동기유발(→)

▪ (동기유발) 물건이나 사물이 되어 생각 이야기하기

- 사진을 보며 내가 미끄럼틀이라면 어떤 생각이 들지 이야기해 본다.

(미끄럼틀이 지니고 있는 속성을 찾아본다)

미끄럼틀이 지니고 있는 속성 찾아보기

◦ 매끄럽다	◦ 길쭉하다
◦ 고단하다	◦ 편리하다
◦ 투덜댄다	◦ 어지럽다

▪ 학습 문제 제시

♬ 장구의 쓰임과 특징을 살려 시를 만들어 발표해 봅시다.

▶▶ 기초 기능 익히기(?)

▪ 장구의 특성과 쓰임새 살펴보기

▸ 장구의 특성과 쓰임새에 대해 이야기한다.

- 장구는 다양한 소리를 낸다.

- 장구는 여러 가지 재료로 되어 있다.

- 장구는 다른 악기의 반주 역할을 한다.
- 장구는 장구채나 손을 이용하여 소리를 낸다.

▪ '내가 만약 장구라면'으로 이야기 이어가기

▸ 장구의 심정을 헤아리며, '내가 만약 장구라면' 어떤 생각이 들지 이어가
는 놀이를 한다.

- 내가 만약 장구라면, 장구채로 맞아서 '아플 것 같다'
- 내가 만약 장구라면, 허리가 가늘어서 '많이 먹고 싶다'
- 내가 만약 장구라면, 반주를 하게 되어서 '기쁠 것 같다'
- 내가 만약 장구라면, 조임줄이 꽉 조여서 '답답할듯하다'

▶▶ 표현 방법 탐색하기(!)

▪ 창의적으로 시를 만드는 방법 이해하기

- 비유를 통하여 시를 만드는 방법을 알아본다(학습지).

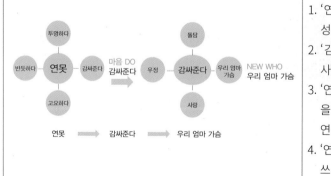

| | 1. '연못'이 지니고 있는 속성 찾아보기
2. '감싸준다'의 의미 가진 사물 찾아보기
3. '연못'과 '우리 엄마 가슴'을 '감싸준다'의 단어로 연결하기
4. '연못'이라는 제목으로 시 쓰기 |

▪ 장구의 특징 및 쓰임새를 탐색하여 모둠이 협력하여 시 만들기

- 장구의 특징 및 쓰임새를 활용하여 모둠이 협력하여 시를 만들어 본다(학습지).

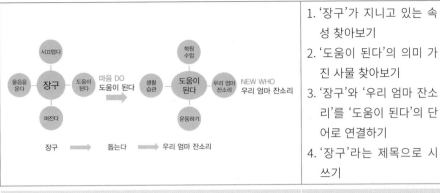

| | | 1. '장구'가 지니고 있는 속성 찾아보기
2. '도움이 된다'의 의미 가진 사물 찾아보기
3. '장구'와 '우리 엄마 잔소리'를 '도움이 된다'의 단어로 연결하기
4. '장구'라는 제목으로 시 쓰기 |

WHO 누가	장구	제목 장구
마음 DO ~하다	도움을 주려고 한다	장구채로 나를 두드리지 마! 너무나 아프니까
NEW WHO 새로운 누가	우리 엄마 잔소리	그래도 멈추지는 마! 내가 아파도 다른 소리를 도와주는 반주를 할 수 있으니까
WHY 왜?	자식이 잘 되라고	
HOW 어떻게	장구채가 두드리면 그 소리로 반주를 하니까	장구소리는 나의 앞날을 걱정해 주는 우리 엄마 잔소리
WHAT 무엇을	자식들의 앞날을	

▶▶ 창조적 표현(☆)

- **모둠별로 협력하여 만든 작품 발표하기**
  - 만든 작품을 발표한다.
- **친구들이 만든 작품에 대해 상호 평가하기**
  - 친구들이 만든 작품에 대해 잘한 점을 칭찬하고, 작품에 대한 생각을 이야기한다.

▶▶ 정리(내면화)(.)

• 학습 내용 정리 및 평가

• 과제 제시

 - 장구의 역사 및 쓰임에 대해 더 조사해 보도록 한다.

참고자료

● 장구의 모양 및 부분의 명칭

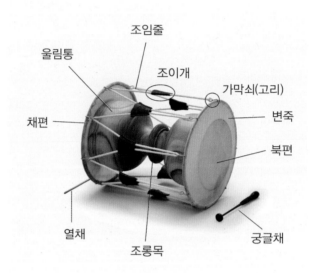

나 장단의 호흡 익히기와 장단 창작하기

1) 어떤 수업인가요?

국악의 여러 요소 중 장단은 우리 음악을 구성하는 중요한 부분을 차지하고 있다. 지금까지의 장단 수업은 정해진 장단을 익히는 방향으로 전개되는 경우가 많았다. 여기에서는 3차시의 분량으로 국악 장단의 호흡법을 익힐 수 있도록 말놀이를 통하여 장단의 흐름을 파악하게 한 후, 장단의 기본형을 연주하며 노래에 어울리는 반주를 하도록 하였다. 이어서 새로운 장단을 만들어 보는 활동을 통하여 장단의 다양한 변화를 느낄 수 있도록 구성하였다.

영역	내용
학습 목표	◦ 말놀이를 하면서 국악 장단의 기초적인 호흡법을 익혀 표현할 수 있나요? ◦ 노래에 어울리는 장단 반주를 할 수 있나요? ◦ 새로운 굿거리 장단을 만들어 친구들과 협력하여 발표할 수 있나요?
음악 개념	◦ 장단, 장단의 세 ◦ 간단한 리듬꼴 ◦ 장단꼴
지도 전략	◦ 창작 학습, 협력적 참여학습

|표 VI - 13| 장단 수업의 구성

● 차시별 지도 전략

주제	차시	단계	활동 내용
장단의 호흡법과 창작에 대한 체계적인 지도 방안	1차시	도입 (→)	◦ (동기유발) 장구의 기본박에 맞추어 오금주며 걷기 ◦ 학습문제 제시
		전개1 (?)	◦ 국악 장단의 기초적인 호흡법 익히기 - 3소박의 호흡법 체득하기 - 3소박 4박자의 기초적인 호흡법 익히기 - 손뼉을 치면서 3소박 4박자 호흡하기
		전개2 (!)	◦ 말놀이를 하면서 장단의 기초 익히기 - 굿거리장단의 구음을 하며 말놀이 하기 - 자진모리장단의 구음을 하며 말놀이 하기 - 3소박 4박자의 기본박을 치며 말놀이 하기
		전개3 (☆)	◦ 말놀이 창작하여 발표하기 - 굿거리장단의 말놀이 창작하기 - 조별로 발표하기
		정리 (.)	◦ 학습 내용 정리 및 평가 ◦ 차시예고

		도입 (→)	◦ (동기유발) 3소박 4박자의 기본박 치기 ◦ 학습문제 제시
장단의 호흡법과 창작에 대한 체계적인 지도 방안	2차시	전개1 (?)	◦ 자진모리장단의 기본 장단치며 노래 부르기 - 장구(소고)로 기본 장단치기 - 장구(소고)로 기본 장단치며 노래 부르기
		전개2 (!)	◦ 노래에 어울리는 반주의 역할로서 장단 익히기 - 노래에 어울리는 반주의 역할에 대해 토의하기 - 노래에 어울리는 반주 찾아보기
		전개3 (☆)	◦ 노래 부르며 반주 역할하기 - 역할을 나누어 노래 부르며 장단 연주하기 - 다른 모둠의 발표를 듣고 노래에 가장 잘 어울리는 장단 찾기
		정리 (.)	◦ 학습 내용 정리 및 평가 ◦ 차시예고
	3차시 (수업 예시)	도입 (→)	◦ (동기유발) 굿거리장단의 변형장단 연주 들어보기 ◦ 학습문제 제시
		전개1 (?)	◦ 3소박 4박자의 여러 가지 리듬꼴 익히기 - 3소박 4박자의 여러 가지 리듬꼴의 호흡 익히기 - 3소박 4박자의 여러 가지 리듬꼴을 악기로 연주하기
		전개2 (!)	◦ 새로운 굿거리장단 창작하기 - 새로운 굿거리장단 창작하는 방법 탐색하기 - 계속되는 느낌과 끝나는 느낌의 장단 이해하기 - 모둠별로 협력하여 굿거리장단 2장단 만들기
		전개3 (☆)	◦ 만든 작품 발표하기 및 장단 전달 게임하기 - 모둠별로 만든 작품 발표하기 - 노래 부르며 만든 작품 다 함께 연주하기
		정리 (.)	◦ 학습 내용 정리 및 평가 ◦ 차시예고

|표 VI - 14| 장단의 호흡법과 창작을 통해 장단의 다양성 체험하기 차시별 지도 전략

수업 TIP	더 해보기
1. (음악 교과 심화) 즉흥 리듬 연주를 통하여 장단 변주 익히기	
2. (음악 교과 심화) 8분음표와 16분음표를 사용하여 3소박(♩)의 다양한 형태 찾아보기	
3. (국어 교과 연계) 흉내내는 말(의성어, 의태어)을 사용하여 장단 말놀이 하기	
4. (체육 교과 연계) 장단의 변화에 맞추어 걸어보기 및 신체표현하기	
5. (체육 교과 연계) 장단에 맞추어 여러 가지 동물의 모습을 흉내 내며 걸어 보기	

2) 수업의 구성 및 지도 방법

▶▶ 내재적 동기유발(→)

- (동기유발) 굿거리장단의 변형장단 연주 들어보기
  - 굿거리장단의 여러 가지 변형장단 연주를 들어 본다.
  - 전문연주자의 설장구가락(굿거리장단)을 들어 본다.
  - 연주를 들어 본 느낌에 대해 이야기한다.

- 학습 문제 제시

> ♫ 3소박의 호흡을 살려 새로운 굿거리장단 만들어 발표해 봅시다.

▶▶ 기초 기능 익히기(?)

- 3소박 4박자의 여러 가지 리듬꼴의 호흡 익히기
  ▶ 3소박 4박자의 여러 가지 리듬꼴의 호흡을 익힌다.
  - 3소박 4박자의 장단에 맞추어 제자리에서 오금주며 몸을 움직여 본다.
  - 3소박 4박자의 기본박을 손뼉으로 친다.

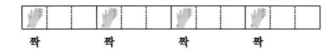

짝   짝   짝   짝

  - 3소박 4박자의 여러 가지 리듬꼴을 호흡을 살려 손뼉으로 친다.

3소박 리듬형	호흡(勢)				리듬유형(쓰임)
♩.	강				내는형(起)
♫	강	약	들		내는형/다는형(景)
♩ ♪	강			약	내는형/다는형
♪ ♩	약	강			다는형/맺는형(結)
♪♪♪	강		약	들	내는형/다는형

- ▪ 3소박 4박자의 여러 가지 리듬꼴을 악기로 연주하기(학습지)
  - ▶ 3소박의 리듬꼴을 4번씩 치며 호흡을 살려 악기(장구 또는 소고)로 연주한다.
  - - 각각의 리듬꼴을 연습한다.

- - 각각의 리듬꼴로 되어 있는 장단을 연결하여 연주해 본다.

▶▶ 표현 방법 탐색하기(!)

- ▪ 새로운 굿거리장단 창작하는 방법 탐색하기
  - ▶ 3소박의 리듬형을 조합하여 굿거리장단을 만드는 방법을 알아본다.
  - - 리듬꼴의 순서를 바꿔가면서 3소박 4박자의 굿거리장단을 만든다.

(예시 1)

♩. ♪ ♪ ♪ ♪ - ♪ ♪ ♩.

(예시 2)

♪ ♪ ♪ ♪. - ♪ ♪ ♪. - ♪ ♪ ♩ ♪

(예시 3)

♩ ♪ ♪ ♪ ♪ ♩ ♪ ♪ ♩

- **계속되는 느낌과 끝나는 느낌의 장단 이해하기**
  - ▶ 3소박의 리듬형 중 끝나는 느낌과 계속되는 느낌의 리듬형에 차이가 있음을 이해한다.
  - ‘내는형’은 시작할 때 주로 사용하는 형태이며, ‘다는형’은 다음 장단으로 연결할 때 사용하는 형태이고, ‘맺는형’은 장단을 마무리할 때 사용하는 형태이다.

(예시 1) 다는형

(예시 2) 맺는형

- **모둠별로 협력하여 굿거리장단 두 장단 만들기**(학습지)
  - 모둠별로 협력하여 굿거리장단 두 장단을 만들어 본다.
  - 모둠별로 만든 굿거리장단을 연습한다.

▶▶ 창조적 표현(☆)

- **모둠별로 협력하여 만든 작품 발표하기**
  - 모둠별로 창작한 작품을 발표하면, 다른 학생들은 노래를 부른다.
- **노래 부르며 만든 작품 다 함께 연주하기**
  - 자연스럽게 잘 만들어진 모둠의 장단을 정하여 함께 연주해 본다.

- 학급의 각 모둠이 만든 장단을 연결하여 다 함께 연주해 본다.

▶▶ 정리(내면화)(.)

▪ 학습 내용 정리 및 평가

▪ 과제 제시

- 모둠이 만든 장단을 집에서 연습하여 오기

참고자료

● 3소박의 호흡과 대표적인 리듬꼴

우리 음악에서 가장 일반적으로 나타나는 장단의 형태는 3소박 4박자로 된 장
단이다. 이러한 박자에는 자진모리, 굿거리, 중중모리가 있다. 중요한 점은 서양
음악에서는 8분음표 12개가 모인 박자로 인식될 수 있으나, 전통 음악에서 이 장
단들은 8분음표 세 개가 모인 점4분음표가 하나의 박자가 되어 네 박이 되는 구
조로 되어 있다는 것이다. 그리고 점4분음표 네 개가 따로 떨어져서 존재하는 것
이 아니라 서로 유기적으로 연결되어 하나의 장단을 이룬다는 것이 특징이므로
장단을 지도할 때에는 한 장단 안에서 박이 따로따로 분리되지 않도록 지도하는
것이 중요하다. 3소박의 호흡 중 대표적인 다섯 가지를 제시하면 아래 [표 VI -
15]와 같다.

3소박 리듬형	장구 구음(열채)			호흡(勢)	리듬유형(쓰임)
♩	딴			강-----	내는형(起)
♬	딴	디	리	강-약-들-	내는형/다는형(景)
♩ ♪	딴		디	강---약-	내는형/다는형
♪ ♩	디	딴		약-강---	다는형/맺는형(結)
♪♪♪	딴		디 다	강--약들-	내는형/다는형

|표 VI - 15| 3소박의 호흡

다 전래동요(민요) 통합적으로 배우고 부르기

1) 어떤 수업인가요?

민요 수업에서는 통합적인 접근을 활용하는 것이 효율적이다. 이를테면 1차시에서는 국어 교과와 연계하여 전래동요의 가사에 대한 의미 살펴보기 및 노래하기를 통하여 언어적 고유성을 체험하도록 지도한다. 2차시에서는 생활 속에서 반주 악기로 활용할 수 있는 물건으로 생활악기를 만들어 보도록 하여 삶 속에 함께 녹아드는 활용을 전개한다. 3차시에서는 민요의 토리를 시각적으로 표현하거나 토리에 어울리는 장면을 그려보도록 함으로써 민요의 음악적 특징을 이해하도록 구성한다.

영역	내용
학습 목표	◦ 전래동요의 가사에 담긴 의미를 살펴보고, 뜻을 살려 노래 부를 수 있나요? ◦ 생활 악기를 만들어 반주하며 노래를 부를 수 있나요? ◦ 민요의 토리를 시각적으로 표현하고, 토리에 어울리는 장면을 그릴 수 있나요?
음악 개념	◦ 여러 지역의 토리 ◦ 시김새 ◦ 긴자진 형식
지도 전략	◦ 주제탐구 학습, 협력적 참여학습

|표 VI - 16| 통합적 민요 수업의 구성

● 차시별 수업 전략

주제	차시	단계	활동 내용
전래동요 (민요) 통합적으로 배우기	1차시	도입 (→)	◦ (동기유발) 사투리 경연 대회 동영상 감상하기 ◦ 학습문제 제시

		전개1
		(?)
			◦ 여러 지역의 전래동요(민요) 살펴보기
			- 지역별 전래동요(민요) 들어 보기
			  (강원도: 정선아리랑, 전라도: 강강술래 놀이요, 제주도:
			  서우제소리)
			- 지역별 전래동요(민요)의 특징 찾아보기

		전개2 (!)	◦ 전래동요(민요)의 가사에 대한 의미 탐색하기 - 전래동요(민요)에 사용된 각 지역의 사투리 조사하기 - 전래동요(민요)에 사용된 각 지역의 사투리 발표하기
		전개3 (☆)	◦ 곡의 느낌을 살려 전래동요(민요) 부르기 - 곡을 이해하며 노래 부르기 - 사투리를 사용하여 노래 부를 때의 느낌 발표하기
		정리 (.)	◦ 학습 내용 정리 및 평가 ◦ 차시예고
	2차시	도입 (→)	◦ (동기유발) 긴자진 형식의 민요 감상하기(강강술래, 쾌 지나 칭칭나네 등) ◦ 학습문제 제시
		전개1 (?)	◦ 각 지역의 대표적인 전래동요(민요) 불러보기 - 각 지역의 대표적인 전래동요(민요) 부르기 - 전래동요(민요) 중 바꾸고 싶은 노래 결정하기(모둠활동)
		전개2 (!)	◦ 전래동요(민요) 바꾸어 부르기 - 장단의 한 배를 달리하여 부르기 - 가사를 바꾸어 불러 보기 - 악기로 반주하며 불러 보기
		전개3 (☆)	◦ 바꾼 전래동요(민요) 발표하기 - 바꾼 전래동요(민요)로 노래 부르기 - 다른 학생이 만든 노래 함께 노래 부르기 - 전래동요(민요)를 바꾸어 노래 불러 본 느낌 이야기하기
		정리 (.)	◦ 학습 내용 정리 및 평가 ◦ 차시예고

전래동요 (민요) 통합적으로 배우기	3차시 (수업 예시)	도입 (→)	◦ (동기유발) 음악을 그림으로 표현한 작품 살펴보기 ◦ 학습문제 제시
		전개1 (?)	◦ 각 지역의 민요의 토리 살펴보기 및 특성 찾아보기 - 각 지역의 대표적 민요의 토리 살펴보기 - 민요 토리의 특성 찾기
		전개2 (!)	◦ 민요의 토리를 시각적으로 표현하기 - 민요 토리의 특성 표현 방법 의논하기 - 민요 토리의 특성 시각적으로 표현하기
		전개3 (☆)	◦ 만든 작품 발표하기 - 모둠별로 협력하여 만든 작품 발표하기 - 친구들이 만든 작품에 대해 평가하기
		정리 (.)	◦ 학습 내용 정리 및 평가 ◦ 차시예고

|표 Ⅵ - 17| 다른 교과와 연계한 전래동요(민요) 통합적으로 배우기 차시별 지도 전략

수업 TIP	더 해보기
	1. (음악 교과 심화) 민요의 가창 방식을 바꾸어 노래 부르기 2. (국어 교과 연계) 민요의 가사 바꾸기와 가사 만들기를 통해 민요 창작하기 3. (사회 교과 연계) 여러 지역의 민요를 조사하여 민요 토리 지도 만들기 4. (체육 교과 연계) 전래동요(민요) 가사에 나오는 사물의 여러 형태와 움직임 표현하기 5. (체육 교과 연계) 노래를 부르며 전래동요(민요)에 어울리는 놀이하기

2) 수업의 구성 및 지도 방법

▶▶ 내재적 동기유발(→)

▪ (동기유발) 음악을 그림으로 표현한 작품 살펴보기

- 음악을 그림으로 표현한 작품을 감상하며 표현 방법에 대해 이야기해 본다.

  (예시 작품을 제시한다.)

▪ 학습 문제 제시

♫ 민요 토리의 특성을 시각적으로 표현하고 발표해 봅시다.

▶▶ 기초 기능 익히기(?)

▪ 각 지역의 대표적 민요의 토리 살펴보기 및 노래 부르기
  ▸ 각 지역의 대표적인 민요의 토리에 대해 탐색한다.
  - 전라도: 강강술래, 강원도: 정선아리랑, 경기도: 아리랑
  ▸ 민요의 느낌을 생각하며 노래 불러보고, 다양한 방법(혼자/함께 부르기, 메기고 받으며 부르기, 외워서 부르기 등)으로 불러 본다.

▪ 민요 토리의 특성 찾기(학습지)
  ▸ 각 지역의 대표적인 민요의 토리의 특성을 찾아본다.
  - 전라도: 강강술래(떠는소리, 꺾는소리), 강원도: 정선아리랑(흘러내리는소리), 경기도: 아리랑(물 흘러가듯이 자연스러운 가락의 진행)

▶▶ 표현 방법 탐색하기(!)

▪ 민요 토리의 특성 표현 방법 의논하기(학습지)
  ▸ 민요 토리의 특성을 시각적으로 표현하는 방법을 토의한다.
  - 그림으로 그리거나, 색을 이용하여 표현한다.
  - 철사, 찰흙 등으로 조형물을 만들어 본다.

▪ 민요 토리의 특성 시각적으로 표현하기(학습지 및 미술재료)
  ▸ 민요 토리의 특성에 대해 모둠이 협력하여 그림이나 조형물로 표현한다.
  - 만든 작품의 어떤 요소가 민요의 토리의 특성을 표현했는지 설명할 수 있도록 한다.

▶▶ 창조적 표현(☆)

▪ 모둠별로 협력하여 만든 작품 발표하기
  - 만든 작품을 발표한다.
▪ 친구들이 만든 작품에 대해 상호 평가하기
  - 친구들이 만든 작품에 대해 잘한 점을 칭찬하고, 작품에 대한 생각을 이야기한다.

▶▶ 정리(내면화)(.)

- ▪ 학습 내용 정리 및 평가
- ▪ 과제 제시
  - 지역별로 전승되어 오는 민요에 대해 더 조사해 보도록 한다.

참고자료

- ● 민요의 토리에 대하여

각 지역에서 불리고 있는 민요들의 음악적 다양성은 선율을 만드는 음들 간의 구조와 기능이 서로 다르고, 음들의 변화 양상이 여러 가지 시김새로 표현되고 있음을 의미하고 있다. 획일적이지 않은 이러한 음악적 특성은 다양성과 창의성을 목표로 하는 교육에서 가치를 활용할 수 있는 좋은 교육 소재이며, 세계의 여러 음악과 구별되는 한국 민요의 고유함을 알게 한다.

▶▶▶ 민요의 토리

① 경기민요(창부타령토리)

영역	내용
대표 민요	◦ 창부타령, 노랫가락, 경복궁타령, 한강수타령
음악적인 특징	◦ 창부타령토리는 대개 음계의 기음(基音)을 중심으로 장2도+단3도+장2도+장2도를 쌓은 5음 음계임 ◦ 서양음악식으로 솔미제이션하면 '솔-라-도-레-미'로 읽을 수 있고, 5음 중에서 대개 기음과 4도 위의 음, 즉 '솔'과 '도'가 중심음의 기능을 함 ◦ 다른 지역의 민요에 비해 떠는 음이 많지 않고, 경쾌하고 가벼운 느낌을 줌

② 서도민요(수심가토리)

영역	내용
대표 민요	◦ 수심가, 엮음수심가, 긴아리, 자진아리, 배따라기
음악적인 특징	◦ 수심가토리는 대개 음계의 기음(基音)을 중심으로 장2도+단3도+장2도+단3도를 쌓은 5음 음계임 ◦ 서양음악식으로 솔미제이션하면 '솔-라-도-레-파'로 읽을 수 있고, 5음 중에서 대개 기음과 5도 위의 음, 즉 '솔'과 '레'가 중심음의 기능을 함 ◦ 가성이나 비음(鼻音)의 사용이 두드러지고, 얇게 떠는 음이 많음

③ 동부민요(메나리토리)

영역	내용
대표 민요	◦ 정선아리랑, 강원도아리랑, 한오백년, 밀양아리랑
음악적인 특징	◦ 메나리토리는 대개 음계의 기음(基音)을 중심으로 장3도+단2도+장3도+단2도를 쌓은 5음 음계임 ◦ 서양음악식으로 솔미제이션하면 '미-솔-라-도-레'로 읽을 수 있고, 5음 중에서 대개 기음과 4도 위의 음, 즉 '미'와 '라'가 중심음의 기능을 함 ◦ 하행하는 경우 '라-솔-미'의 선율형이 두드러지고, 떠는 음은 많지 않음

④ 남도민요(육자배기토리)

영역	내용
대표 민요	◦ 육자배기, 진도아리랑, 성주풀이, 농부가
음악적인 특징	◦ 육자배기토리는 대개 음계의 기음(基音)을 중심으로 단3도+장2도+장2도∽단3도+장3도를 쌓은 5음 음계임 ◦ 서양음악식으로 솔미제이션하면 '미-솔-라-시∽도-레'로 읽을 수 있고, 5음 중에서 대개 기음과 4도 위의 음, 즉 '미'와 '라'가 중심음의 기능을 함 ◦ 기음('미')은 대개 굵게 떠는 음으로, 4도 위의 음('라')은 별다른 장식이 없이 평으로 내는 음으로, '시~도'에 이르는 음은 급격하게 꺾어서 내는 음으로 되어 있는 시김새가 특징임

⑤ 제주도민요(서우제소리토리)

영역	내용
대표 민요	◦ 서우제소리, 오돌또기, 이어도타령, 너영나영
음악적인 특징	◦ 서우제소리토리는 대개 음계의 기음(基音)을 중심으로 장2도+장2도+단3도+장2도를 쌓은 5음 음계임 ◦ 서양음악식으로 솔미제이션하면 '도-레-미-솔-라'로 읽을 수 있고, 경토리와 비슷하지만, '도'음이 중심이라는 점에서 차이가 있음

● 민요의 가창 방식

　　민요 지도에서 노래 부르는 그룹을 나누고 다양한 방식으로 조합시키면 활동의 흥미를 높이고, 음향적인 짜임새를 쉽게 파악하게 하며, 또한 창의적 표현을 유도할 수 있다. 독창, 제창, 선후창(메기고 받기), 교대창 등의 다양한 방식으로 노래 부를 수 있다. 빠르기를 다르게 하는 긴자진 형식으로 노래를 바꾸어 부를 수도 있다.

▶▶▶ **민요의 가창 방식**

1. 메기고 받는 형식
- 민요는 한 사람의 선소리꾼이 선소리(앞소리)를 메기고, 여러 명이 뒷소리를 받는 형식의 '메기고 받는 형식(先後唱)'이 많다. 뒷소리는 대개 별 의미가 없는 노랫말을 갖고 일정한 노랫말과 가락이 반복되며, 선소리꾼의 노래는 계속 다른 노랫말과 가락을 갖는 노래를 부른다.

2. 교대창 방식
- 소리패가 두 패로 나뉘어져 번갈아 노래 부르는 방식이다. 두 패 모두 노래의 사설 구연에 참여하는 방식으로, 대등한 입장으로 노래 부르기 때문에 '메기고 받는 형식'과는 차이가 있다.

3. 긴자진 형식
- 느린 템포의 긴소리로 시작하여 빠른 템포의 자진소리로 진행되는 경우가 많다. 우리 음악에서 템포는 '느린-빠른'이라는 용어보다는 '긴-자진'이라는 용어를 사용하는데, 이는 노래에서 템포는 한 배의 '길이'와 연관된 것이기 때문이다. '한 배'는 여러 의미를 갖는데, 대체로 인간의 숨과 관련된 것이다.
- (예시) 긴강강술래-자진강강술래, 긴육자배기-자진육자배기, 방아타령-자진방아타령 등

라 대취타 감상하고 느낌 표현하기

1) 어떤 수업인가요?

대취타 감상 수업에서는 음악적인 요소뿐만 아니라 역사적인 사실과 쓰임에 대한 이해가 선행되어야 한다. 예컨대 정조의 화성 행차라는 역사적 사실을 바탕으로 정조가 행하였던 효도를 소재로 부모님께 편지 쓰는 활동도 가능하다. 그리고 정조가 화성 행차에서 보여준 백성을 위하는 마음가짐을 통해 공감과 배려라는 덕목을 함께 살펴볼 수도 있다. 여기에서는 이러한 방향의 감상 수업을 3차시 분량으로 구성하여 제시한다. 먼저 1차시에서는 사회/역사 교과에서 문화유산에 대해 조사하여 발표하는 활동으로 정조의 화성 행차를 다룬다. 그리고 임금의 행차에 사용되었던 대취타의 특징을 드라마나 영화를 통해 살펴보고 대

취타의 의미와 대취타가 연주되는 계기에 대해 이해를 하도록 지도한다. 이어서 2차시에서는 대취타의 음악적 구성에 대해 알아보고, 악기의 음색을 비교하며 듣는 활동을 한다. 마지막 수업에서는 대취타를 들으며 화성으로 향하는 정조가 어떤 생각을 하였을지에 대해 서로 이야기해 본 후 정조가 효를 실천하기 위해 행차를 하였음을 파악한다. 그리고 부모님께 편지를 써 보는 활동을 하도록 하여 학생들에게 다른 사람의 마음을 이해하고, 부모님께 효를 실천하기 위한 다짐의 시간이 되도록 한다.

영역	내용
학습 목표	◦ 정조 임금의 화성 행차 및 대취타의 쓰임 조사하여 발표할 수 있나요? ◦ 대취타의 음악적 특성 및 악기의 음색을 구별할 수 있나요? ◦ 대취타가 연주된 정조 임금의 화성 행차에 깃든 효의 정신을 이해하고 실천할 수 있나요?
음악 개념	◦ 관악기의 음색 ◦ 타악기의 음색 ◦ 대취타
지도 전략	◦ 주제탐구 학습, 협력적 참여학습

|표 VI - 18| 통합적 접근의 '대취타' 감상 수업의 구성

● 차시별 수업 전략

주제	차시	단계	활동 내용
대취타 감상하기 및 느낌 표현하기	1차시	도입 (→)	◦ (동기유발) 대취타 관련 동영상 감상하기 ◦ 학습문제 제시
		전개1 (?)	◦ 대취타 연주 장면 살펴보기 - 영화나 다큐멘터리에서 대취타 연주 장면 살펴보기 (영화: '사도', 다큐멘터리: '의궤 8일간의 축제') - 대취타의 특징 및 쓰임 찾아보기
		전개2 (!)	◦ 정조 임금의 화성 행차 및 대취타의 쓰임 조사 - 정조 임금의 화성 행차 관련 의미 조사하기 - 군대 행진에서 대취타의 쓰임 조사하기
		전개3 (☆)	◦ 정조 임금의 화성 행차 및 대취타의 쓰임 조사내용 발표하기 - 정조 임금의 화성 행차 의미 이해하기(정치적 이유와 효도) - 대취타의 쓰임 이해하기(왕실 및 군대에서 행진에 사용, 무용에서 사용)
		정리 (.)	◦ 학습 내용 정리 및 평가 ◦ 차시예고
	2차시	도입 (→)	◦ (동기유발) 학생들이 연주하는 대취타 영상 시청하기 ◦ 학습문제 제시
		전개1 (?)	◦ 전문가가 연주하는 대취타 감상하기 - 대취타의 전체적인 느낌과 분위기 발표하기 - 대취타의 장단 알아보기 및 장단에 맞춰서 걸어보기 - 대취타에 사용되는 악기 살펴보기
		전개2 (!)	◦ 대취타의 음악적 특성 및 악기의 음색 이해하기 - 대취타의 음악적 특성 이해하기(나발과 나각의 연주 순서 이해) - 대취타에 사용되는 악기 음색 살펴보기 (관악기의 종류 및 음색 이해하기, 타악기의 종류 및 음색 이해하기)

		전개3 (☆)	○ 악기의 음색 구별하기 감상하기 - 관악기와 타악기의 음색을 구별하는 활동하기 - 관악기와 타악기의 음색을 구별하며 감상하기
	2차시		
		정리 (.)	○ 학습 내용 정리 및 평가 ○ 차시예고
대취타 감상하기 및 느낌 표현하기		도입 (→)	○ (동기유발) 정조와 관련된 역사 퀴즈 ○ 학습문제 제시
		전개1 (?)	○ 정조의 화성 행차를 기록한 병풍의 그림 살펴보기 - 정조대왕 화성 행행도 중 '시흥환어행렬도' 살펴보기 - 정조대왕의 행차 중 취타대의 위치 및 역할 이해하기
	3차시 (수업 예시)	전개2 (!)	○ 정조대왕의 화성 행차에 깃든 효의 정신을 이해하고 실천 - 정조대왕 화성 행행도 중 '봉수당진찬도' 살펴보기 - 정조대왕이 혜경궁 홍씨(어머니)에게 올리는 편지 작성하기 - 부모님께 드리는 편지 쓰기
		전개3 (☆)	○ 만든 작품 발표하기 - 정조대왕의 편지 발표하기 - 정조대왕의 효의 정신에 관해 서로 이야기하기
		정리 (.)	○ 학습 내용 정리 및 평가 ○ 차시예고

|표 VI - 19| 대취타 감상하기 및 느낌 표현하기 차시별 지도 전략

수업 TIP	더 해보기
1. (음악 교과 심화) 다른 나라의 행진 음악과 특성 비교하기 2. (국어 교과 연계) 대취타에 사용된 악기를 비유적으로 표현하기 3. (영어 교과 연계) 대취타에 사용된 악기를 듣고 느낌을 영어로 표현하기 4. (체육 교과 연계) 대취타에 맞추어 행진하기 5. (미술 교과 연계) 대취타에 사용된 악기를 새롭게 디자인하기	

2) 수업의 구성 및 지도 방법

▶▶ 내재적 동기유발(→)

- (동기유발) 정조와 관련된 역사 퀴즈 풀어보기
  - 정조와 사도세자, 화성 행차와 관련된 역사 퀴즈를 풀어본다.
  - 정조의 화성 행차의 역사적 배경에 대해 이해한다.

- 학습 문제 제시

> ♫ 정조대왕의 화성 행차에 연주된 대취타의 쓰임을 이해하고,
> 부모님께 효도 편지를 써 봅시다.

▶▶ 기초 기능 익히기(?)

- 정조의 화성 행차를 기록한 병풍의 그림 살펴보기
  - ▶ 정조대왕 화성 행행도 중 '시흥환어행렬도'를 살펴본다.
  - '시흥환어행렬도'의 구성에 대해 이야기한다.
  - 의장기 부분, 혜경궁의 가교 부분, 정조의 어마 부분, 교룡기 부분, 시흥 행궁 부분 등에 대해 살펴본다.

- 정조대왕의 행차 중 취타대의 위치 및 역할 이해하기
  - ▶ '시흥환어행렬도'에서 취타대의 위치를 찾아보고, 역할에 대해 이야기해 본다.
  - 둑기와 교룡기의 뒤편에 위치한 취타대를 찾아본다.
  - 취타대의 형태, 역할, 사용된 악기에 대해 이야기한다.

▶▶ 표현 방법 탐색하기(!)

▪ 정조대왕의 화성 행차에 깃든 효의 정신을 이해하기
  - 정조대왕 화성 행행도 중 '봉수당진찬도'를 살펴보며, 정조의 심정을 헤아려 본다.
  - 잔치에 사용된 춤과 음악의 쓰임에 대해 이야기한다.

▪ 정조대왕이 혜경궁 홍씨(어머니)에게 올리는 편지 쓰기(학습지)
  ▶ 정조대왕이 혜경궁 홍씨(어머니)에게 올리는 편지를 작성한다.
  - 정조대왕이 어머니에게 어떤 편지를 썼을지 그 심정을 헤아려 작성한다.

▪ 부모님께 드리는 편지 쓰기
  - 정조대왕의 효의 정신을 본받아 부모님께 드리는 편지를 쓴다.

▶▶ 창조적 표현(☆)

▪ 모둠별로 협력하여 만든 작품 발표하기
  - 정조대왕이 혜경궁 홍씨에게 쓴 편지를 발표한다.
▪ 정조대왕의 효의 정신에 관해 서로 이야기하기
  - 친구들이 쓴 편지에 대해 칭찬하고, 정조대왕의 효의 정신에 관해 이야기해 본다.

▶▶ 정리(내면화)(.)

▪ 학습 내용 정리 및 평가
▪ 과제 제시
  - 대취타의 쓰임에 대해 더 조사해 보도록 하고, 부모님께 편지를 드리며 효의 정신을 실천하도록 한다.

참고자료

● 대취타에 사용되는 악기

태평소	나발	나각
용고	자바라	징

|그림 VI - 3| 대취타에 사용되는 악기

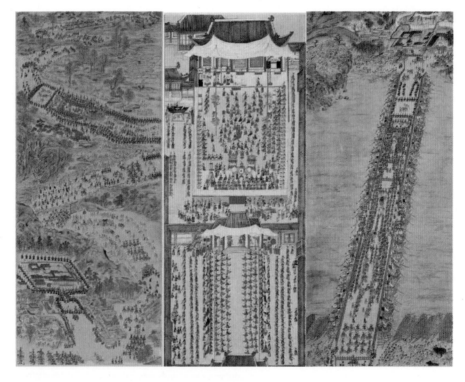

|그림 VI - 4| 정조대왕 화성 행행도 중 '시행환어행렬도', '봉수당진찬도', '한강주교환어도'

마 단소 창작으로 소통하기

1) 어떤 수업인가요?

국악 수업에서 창작은 주로 노래와 장단의 영역에서 많이 이루어진 반면, 단소를 활용하여 가락을 변형하거나 창작하는 수업은 크게 주목받지 못하고 있다. 하지만 단소를 통한 가락 창작 활동이 학생들에게 흥미를 유발시켜 단소 교육의 어려움을 해결할 수 있는 기회가 될 수도 있다. 단소로 가락을 만들기 위해서는 단소의 음계에 대한 이해를 바탕으로 체계적으로 지도하는 것이 필요하다. 일반적으로 3음에 의한 창작을 한 후, 5음을 사용한 창작으로 그 범위를 넓혀가고 있지만, 음계와 연관된 활동이 아닌 경우가 많아서 국악곡의 음계가 지니는 고유의 특성을 표현하지 못하게 되기 때문이다. 평조와 계면조와 같은 국악의 음계를 바탕으로 하는 창작을 위해서는 기본적으로 국악곡에 사용되고 있는 음계에 대한 이해가 선행되어야 하며, 이를 바탕으로 2음에서 5음까지로 확대되는 국악곡 창작 학습에 대한 방법이 적용되어야 한다. 이러한 창작 학습은 단소의 기초적인 연주 기능 및 창작 역량에 대한 신장뿐만 아니라, 창작을 하는 과정에서 협력이 이루어지고 창작한 곡을 다른 학생들과 공유하면서 음악으로 소통하는 체험에 대한 기회를 줄 수 있다.

영역	내용
학습 목표	◦ 주어진 노래의 가락을 바꾸어 연주할 수 있나요? ◦ 주어진 장단꼴에 가락을 넣어 연주할 수 있나요? ◦ 새로운 장단꼴을 만들어 단소 가락을 창작할 수 있나요?
음악 개념	◦ 국악 가락 악기 ◦ 간단한 리듬꼴 ◦ 토리
지도 전략	◦ 창작 학습, 협력적 참여학습

|표 Ⅵ - 20| 단소를 활용한 창작 수업의 구성

● 차시별 수업 전략

주제	차시	단계	활동 내용
단소 음계의 특성에 따른 가락 만들기	1차시	도입 (→)	◦ (동기유발) 참새 노래 불러보기(메나리토리의 특징 이해하기) ◦ 학습문제 제시
		전개1 (?)	◦ 참새 노래 연주하기 - 단소의 기본음 익히기(태(汰), 중(㳞), 임(淋), 무(潕)) - 참새 노래 단소로 연주하기
		전개2 (!)	◦ 주어진 가락을 변형하기 - 참새 노래의 일부분을 변형하는 방법 알기 - 주어진 가락의 일부를 바꾸어 새로운 가락 만들기
		전개3 (☆)	◦ 바꾼 가락으로 연주하기 - 역할을 나누어 바꾼 가락 연주하기(장단치는 모둠, 연주 모둠) - 가락을 바꾸어 연주해본 느낌 이야기하기
		정리 (.)	◦ 학습 내용 정리 및 평가 ◦ 차시예고
단소 음계의 특성에 따른 가락 만들기	2차시	도입 (→)	◦ (동기유발) 기습곡 연주하기 ◦ 학습문제 제시
		전개1 (?)	◦ 기초 기능 익히기 - 각 음계에 어울리는 기본음 익히기 - 장단꼴을 손뼉이나 소고로 연주하여 장단꼴 익히기 - 장단꼴에 어울리는 가락 구상하기
		전개2 (!)	◦ 주어진 장단꼴에 가락 창작하기 - 주어진 장단꼴에 어울리는 가락 만들기 - 음계의 특징에 대해 이해하고, 음계에 어울리는 가락 구성하기(같은 장단꼴에 다양한 가락을 불어보고 가장 알맞은 가락 찾기)
		전개3 (☆)	◦ 창작한 가락 발표하기 - 역할을 나누어 바꾼 가락 연주하기(장단치는 모둠, 연주 모둠) - 가락을 창작해 본 느낌 이야기하기
		정리 (.)	◦ 학습 내용 정리 및 평가 ◦ 차시예고

단소 음계의 특성에 따른 가락 만들기	3차시 (수업 예시)	도입 (→)	◦ (동기유발) 단소의 세 음으로 즉흥연주하기 (태(汰), 황(潢), 무(無) 세 음을 활용하여 즉흥적으로 가락을 창작) ◦ 학습문제 제시
		전개1 (?)	◦ 단소의 기본음 연주하기 및 리듬 익히기 - 단소의 기본음 다섯 음 연주하기 - 3소박 정간보에서 사용된 리듬 익히기
		전개2 (!)	◦ 단소의 다섯 음으로 가락 만들기 - 가락 창작 방법 익히기 - 종지음 및 음의 도약에 대해 이해하기
		전개3 (☆)	◦ 가락 창작하기 및 작품 발표하기 - 리듬과 가락 짓기(창작하기) - 창작한 작품 발표하기
		정리 (.)	◦ 학습 내용 정리 및 평가 ◦ 차시예고

|표 VI - 21| 단소 음계의 특성에 따른 가락 만들기 차시별 지도 전략

수업 TIP	더 해보기

<창작한 가락 발표하기 방법>
- 모둠별로 창작한 가락을 함께 연주하여 보고 창작한 가락에 대하여 이야기해 본다.
- 미흡한 부분에 대하여 수정한 후 개별적으로 연습하여 발표할 준비를 한다.
- 역할을 나누어 한 명은 장구(또는 소고)로 기본박을 반주하고 다른 한 명은 창작한 단소 가락을 연주하는 것을 연습해 본다.
- 발표의 방법을 서로 의논한다(개별 발표, 2~3인의 발표, 모둠 전체의 합주로 할 것인지 정하기).
- 창작한 단소 가락을 발표한다.

2) 수업의 구성 및 지도 방법

▶▶ 내재적 동기유발(→)

▪ (동기유발) 단소의 세 음으로 즉흥연주하기
- 태(汰), 황(潢), 무(無) 세 음을 활용하여 즉흥적으로 가락을 창작한다.
- 모둠별로 각각 다른 세 개의 음을 연주하도록 하되, 교사가 모둠을 가리키

면 그 모둠 학생들은 지정된 음을 연주한다.

▪ 학습 문제 제시

> ♫ 단소의 다섯 음으로 간단한 가락을 만들어 연주해 봅시다.

▶▶ 기초 기능 익히기(?)

▪ **단소의 기본음 연주하기**

　▶ 단소의 기본 5음으로 연주해 본다.

　- 태(汰)음을 중심으로 태(汰), 황(潢), 무(無), 황(潢), 태(汰), 중(泑)), 임(淋), 중
　(泑), 태(汰)를 차례로 연주한다.

　- 무(無)를 중심으로 무(無), 임(淋), 중(泑), 임(淋), 무(無), 황(潢), 태(汰), 황(潢),
　무(無)를 연결하여 분다.

▪ **3소박의 리듬 익히기**

　▶ 3소박의 리듬을 살펴보고 리듬치기를 해본다.

　- ♩♪, ♪♩, ♪♪♪, ♩., ♪♪♪ 의 3소박 리듬을 익힌다.

　- 손뼉이나 소고로 리듬치기를 하여 익숙해지도록 한다.

▶▶ 표현 방법 탐색하기(!)

▪ **가락 창작 방법 익히기**

　- 3소박 가락을 창작하는 방법을 익힌다. 리듬과 율명을 바꾸어 또 다른 가
　락을 창작하는 연습을 하도록 한다.

　- 리듬을 선택한 뒤 리듬에 어울리는 율명을 선택하여 리듬에 맞게 배열하
　여 가락을 창작한다.

▪ **가락 창작할 때 유의사항 이해하기**

　▶ 종지음에 대해 이해하도록 한다(가락을 창작할 때 어떤 음이 종지음이 될지 이
　해한다).

　- '淋, 泑, 汰, 潢, 無'의 다섯 음에서는 '無' 음이 종지 역할을 한다.

　▶ 음이 순차적으로 진행되지 않고 급격하게 진행되면 자연스럽지 않다는
　것을 안다.

- 가락 창작을 할 때 음의 도약이 너무 크지 않도록 한다.

▶▶ 창조적 표현(☆)

▪ 리듬과 가락 짓기

- 3소박의 리듬을 적절히 배치하도록 한다.
- 리듬에 어울리는 율명을 창작하도록 한다.
- 개인적으로 가락을 창작한 후 모둠별로 재구성하여 곡을 창작해 본다.

▪ 모둠별로 협력하여 만든 작품 발표하기

- 역할을 나누어 창작한 작품을 발표한다(장단 맡은 모둠, 연주 맡은 모둠).

▶▶ 정리(내면화)(.)

▪ 학습 내용 정리 및 평가
▪ 과제 제시

- 창작한 곡을 가족들 앞에서 연주해 본다.

참고자료

● 단소의 음계에 대한 이해

가) 평조음계 중 창부타령토리

단소로 연주하기 비교적 쉬운 평조 음계에는 청중려(㳺)를 중심으로 하는 '潢

―汰―㳞―淋―潕’의 음계가 있다. ‘㳞’을 중심으로 하는 이 음계는 민요에서 경토리의 음계와 수심가토리의 음계와 부합한다.

청황 종 (潢)	청대 려 (汰)	청태 주 (㳓)	청협 종 (浹)	청고 선 (㴌)	청중 려 (㳞)	청유 빈 (㳡)	청임 종 (淋)	청이 칙 (㳫)	청남 려 (湳)	청무 역 (潕)	청응 종 (㶡)

|표 VI - 22| 단소의 경서토리 음계(청중려(㳞)를 중심으로 하는 평조 음계)

단소에서 청중려(㳞)를 중심으로 하는 평조 음계의 가락 창작 지도 순서는 다음과 같다.

단계	단소의 음계	비고(제재곡)
1단계	汰-㳞 또는 潢-㳞	평조의 기본 음계 연습하기
2단계	汰-㳞-淋	가능하면 㳞으로 종지
3단계	潢-汰-㳞-淋	汰↔淋으로 음이 도약하지 않도록 주의
4단계	潢-汰-㳞-淋-潕	늴리리야, 도라지

|표 VI - 23| 단소의 청중려(㳞)를 중심으로 하는 평조 음계의 가락 창작 지도 순서

위의 표에서 1단계의 ‘汰-㳞’과 ‘潢-㳞’의 두 음으로 창작하는 활동은 단소를 배우기 시작하는 시기부터 가능하다. ‘汰’의 음은 일반적으로 단소를 배울 때 가장 먼저 배우는 소리이다. ‘汰-㳞’의 경우 汰와 㳞은 같은 세기의 입김을 사용하되 그 운지법이 ‘汰’가 지공을 모두 열고, ‘㳞’은 지공을 모두 막아서 소리를 내기 때문에 연습을 하면 비교적 쉽게 소리를 낼 수 있다. ‘潢-㳞’의 경우 평조의 기본 뼈대가 되는 4도 음정의 연습을 하기에 적합하다.

2단계와 3단계의 3음과 4음을 사용한 단소 가락의 창작은 평조 음계가 되도록 주의하여야 한다. 즉, ‘汰에서 淋’, ‘淋에서 汰’로 음이 도약하게 되면 계면조의 음계가 될 수 있으므로 ‘㳞’을 중심으로 가락이 창작될 수 있도록 지도하되, ‘㳞’에서 종지하도록 창작하여야 평조의 느낌을 살릴 수 있다. 4단계의 창작은 앞의 세 단계보다 단소의 실력이 많이 향상된 상태에서 실시하는 것이 좋으며, 제시되어 있는 음에 더하여 仲, 林, 無의 낮은 음을 넣어서 창작을 하면 가락적으로 더욱 풍성한 곡을 만들 수 있을 것이다.

나) 계면조 음계 중 메나리토리

메나리토리로 되어 있는 대표적인 민요에는 '한오백년', 창작국악동요 '맑은 물 흘러가니', 그리고 '참새 노래'를 비롯하여 대부분의 전래동요가 이 음계로 되어 있다. 청임종(淋)을 중심으로 하는 계면조의 음계이며, 아래로 단3도+장2도의 '汰'와 '沖', 위로는 단3도+장2도의 '潕'와 '潢'로 이루어진 음계(미-솔-라-도-레)이며, '淋-沖-汰'의 흘러내리는 소리가 특징이다.

청대려 (汏)	청태주 (汰)	청협종 (浹)	청고선 (㴌)	청중려 (沖)	청유빈 (㶋)	청임종 (淋)	청이칙 (浹)	청남려 (湳)	청무역 (潕)	청응종 (㶁)	중청황종 (潢)

|표 VI - 24| 단소의 메나리토리 음계(청임종(淋)을 중심으로 하는 계면조 음계)

단소의 메나리토리 음계 지도 순서는 다음과 같이 하면 효과적이다.

단계	단소의 음계	비고(제재곡)
1단계	汰-淋	계면조의 기본 뼈대가 되는 4도 음계 연습
2단계	汰-沖-淋	淋-沖-汰의 흘러내리는 소리 연습
3단계	汰-沖-淋-潕	참새 노래
4단계	汰-沖-淋-潕-潢	맑은 물 흘러가니

|표 VI - 25| 단소의 청임종(淋)을 중심으로 하는 계면조 음계의 가락 창작 지도 순서

위의 표에서 '汰-淋'의 음계는 계면조의 기본 뼈대가 되는 음계로서 민요의 가락 지도 단계에서도 가장 먼저 지도하는 기초적인 음계이다. 앞에서 살펴본 '汰-沖'의 경우와 마찬가지로, '汰' 소리를 익힌 후 왼손으로 제1공, 2공, 3공을 동시에 막아서 소리를 내되 입김의 세기는 '汰'를 불 때와 같은 세기로 불면 되기 때문에 단소를 익히는 초기 단계에서 충분히 시도할 수 있다. 2단계의 경우는 평조 음계의 2단계와 동일한 출현음으로 구성되어 있으나, 계면조의 음계를 표현하기 위해서는 '汰'나 '淋'으로 종지하도록 하고, 메나리토리의 특징인 淋-沖-汰의 흘러내리는 소리를 표현하여 창작하도록 지도한다. 3단계와 4단계는 2단계에서 각각 '潕'와 '潢' 음이 더 들어가 있는 음계를 다루는데 높은 음을 익힌 후 가락을 창작해 보도록 한다.

다) 오조(五調) 중 궁조(宮調) 음계

단소의 음계 중에서 청태(汰)를 중심으로 하는 계면조의 음계에서 가장 아래음인 남려(南) 대신에 무역(無)을 사용하면 無-潢-汰-㳂-淋의 음계가 된다. 이 음계는 국악의 평조나 계면조의 두 음계 중 정확하게 그 구성음이 일치하지는 않다. 그래서 단소에서 황종(潢)의 높이는 E♭(내림마) 음정에 가까우나 그대로 기보하면 조표나 임시표(♭: 플랫)가 많이 사용되어 초보자는 보고 연주하기가 어렵기 때문에 계이름의 도(Do)를 무역(無)으로 하고, 황종(潢)을 레(Re)로 하여, 실음(實音)보다 반음정을 낮추어서 표기할 수 있다. 즉, 이동도법에 의하면 '도-레-미-솔-라'로 읽을 수 있는데, 단소 율명에 대한 각각의 고정음(실제음)은 '레♭-미♭-파-라♭-시♭'이다. 이 음계는 중국의 오조(五調) 중 궁조(宮調)에 해당되는 음계로서 학생들이나 교사들에게 가장 익숙한 음계이다.

단계	단소의 음계	비고(제재곡)
1단계	潢-汰	두 음을 반복하여 짧은 곡 만들기
2단계	無-潢-汰	비행기(외국곡)
3단계	無-潢-汰-㳂	
4단계	無-潢-汰-㳂-淋	'도-레-미-솔-라'의 음계

|표 VI - 26| 이동도법에 의한 가락 창작하기(오조(五調) 중 궁조(宮調) 음계)

단소 가락의 창작과 관련된 대부분의 논문이나 교과서(지도서)에서는 음계에 대한 인식이 없이 창작을 지도하거나, ①중려(仲)~청태주(汰), ②청중려(㳂)~중청태주(㳡)로 양분하여 지도하는 경우가 많다. 이는 단소 연주에서 단소 음의 성질을 제대로 이해하지 못한 결과에서 기인한 것으로, 단소의 연주에서 중려(仲)와 임종(林)의 연주를 위해서는 가장 소리내기 쉬운 청태주(汰)를 연주할 때와는 다른 입김으로 연주하여야 함을 간과하였기 때문이다. 이에 반하여 청중려(㳂)와 청임종(淋)은 청태주(汰)와 같은 입김으로 연주하기 때문에 소리 내기가 더 쉽다. 따라서 '無-潢-汰-㳂-淋'의 다섯 음을 사용한 가락 창작은 [표 27]과 같이 지도하면 효과적이다. 심화 단계에서는 무역(無)보다 낮은 음인 '仲'과 '林'을 넣어서 가락을 만들어 볼 수 있다.

- 주어진 장단꼴과 율명을 사용하여 새로운 가락을 만들어서 연주해 봅시다.

리듬 율명	♩	♩	♪	♪	♩	♩	♪	♪	♪	♪	♩
無											
淋											
沖												
汰											
潢											

|표 VI - 27| 청중(沖)을 중심으로 하는 경토리 음계 만들기(정간보에 색칠하기 방법)

바 궁중 무용 포구락(抛毬樂) 즐기기

1) 어떤 수업인가요?

정재는 가·무·악(歌·舞·樂)이 함께 연행되는 종합 예술로서 가치를 지니고 있다. 궁중 무용에 대한 감상 수업에서 주제탐구학습 방법을 도입하여 학생과 교사가 함께 주제를 정하고, 탐구계획을 세우게 하여 적극적 활동을 이끌 수 있다. 특히, 놀이의 요소가 있는 포구락(抛毬樂)을 통해 학습하는 것은 학생들에게 큰 흥미를 불러일으킬 수 있다. 학습의 단계는 '궁중 정재 살펴보기와 포구락(抛毬樂) 이해하기', '포구락 준비 과정 즐기기', '궁중 정재의 의미와 춤사위 체득하기' 순으로 하도록 한다.

영역	내용
학습 목표	◦ 궁중 정재의 의미를 이해하고, 포구락에 대해 설명할 수 있나요? ◦ 포구락 수업을 위한 놀이 기구를 만들 수 있나요? ◦ 포구락 수업을 위해 스스로 계획을 세우고, 포구락 놀이를 할 수 있나요?
음악 개념	◦ 궁중 무용 이해하기 ◦ 음악과 놀이 ◦ 창작하기
지도 전략	◦ 프로젝트 학습, 협력적 참여학습

|표 VI - 28| 포구락 감상 수업의 구성

● 차시별 수업 전략

주제	차시	단계	활동 내용
궁중 정재 포구락 감상하기	1차시	도입 (→)	◦ (동기유발) 궁중 무용이 나오는 영화(드라마) 감상하기 ◦ 학습문제 제시
		전개1 (?)	◦ 궁중 무용의 뜻 이해하기 - 궁중의 잔치 관찰하기 - 궁중 정재의 뜻과 의미 이해하기
		전개2 (!)	◦ 포구락 알아보기 - 포구락의 역사와 구성 이해하기 - 포구락의 연행 절차와 놀이 방법 이해하기
		전개3 (☆)	◦ 궁중 무용의 기본 춤사위 익히기 - 궁중 무용의 기본 발동작 및 팔동작 익히기 - 팔에 한삼을 끼고 춤추기
		정리 (.)	◦ 학습 내용 정리 및 평가 ◦ 차시예고
	2차시	도입 (→)	◦ (동기유발) 포구락에 사용된 기구가 그려진 『악학궤범』 살펴보기 ◦ 학습문제 제시
		전개1 (?)	◦ 포구문 및 의물의 설계도 만들기 - 포구문의 설계도 만들기 - 의물에 새길 문양이나 문자 구상하기
		전개2 (!)	◦ 재료 준비하기 - 각목, 마분지, 청테이프, 망치, 못, 톱, 헝겊 - 제작상의 주의점 알아보기
		전개3 (☆)	◦ 포구문 및 의물 만들기 - 설계도에 따라 포구문 및 의물 만들기 - 락카, 물감, 리본, 색종이 등으로 장식하기
		정리 (.)	◦ 학습 내용 정리 및 평가 ◦ 차시예고

궁중 정재 포구락 감상하기	3차시 (수업 예시)	도입 (→)	◦ (동기유발) 포구락의 놀이 장면 살펴보기 ◦ 학습문제 제시
		전개1 (?)	◦ 포구락 놀이 계획하기 - 포구락 놀이 순서 이해하기 - 포구락 놀이에 사용될 노래 가사 만들기
		전개2 (!)	◦ 포구락 놀이하기 - 포구락 놀이를 위한 역할 나누기 - 정해진 순서에 따라 포구락 놀이하기
		전개3 (☆)	◦ 포구락 놀이 후 느낌 발표하기 - 궁중 정재의 아름다움에 대해 이야기하기 - 포구락 놀이를 한 느낌 이야기하기
		정리 (.)	◦ 학습 내용 정리 및 평가 ◦ 차시예고

|표 VI - 29| 궁중 정재 포구락 감상하기 차시별 지도 전략

수업 TIP	더 해보기

<포구락 놀이 수업에서 지도상의 유의점>

가. 학생 활동이 자유롭게 이루어질 수 있는 여유 있는 공간을 확보한다.

나. 포구락에 관한 지적인 부분을 지도할 때 역사적 사실이나 지식을 정확하게 익히기보다
는 궁중 무용에 대한 관심을 높일 수 있도록 지도하는 것에 초점을 둔다.

다. 궁중 무용의 기본 동작을 익힌 후에는 음악에 맞추어 춤을 추어 보도록 하여 그 느낌을
알 수 있게 한다.

라. 포구문이나 의물을 만드는 활동은 옛날 것을 그대로 흉내 내기보다는 창의적으로 설계
도를 구상하여 개성이 드러날 수 있도록 지도한다.

마. 포구문과 의물을 제작할 때에 안전에 유의하여 다치는 학생이 없도록 한다.

바. 노랫말과 음악을 창작할 때는 약간의 시간을 준 후 즉흥적으로 창작할 수 있도록 지도한다.

사. 학생들의 창의적인 활동이 될 수 있도록 허용적인 분위기를 조성하고, 교사는 학생들의
역할을 조정하여 모든 학생들이 활동에 참여할 수 있도록 지도한다.

2) 수업의 구성 및 지도 방법

▶▶ 내재적 동기유발(→)

▪ (동기유발) 포구락 놀이 장면 살펴보기

- 포구락에서 놀이 장면을 살펴보고, 상과 벌로 무엇을 하는지 이야기해 본다.
- 풍류 안에 채구를 넣으면 상으로 꽃을 받고, 넣지 못하면 얼굴에 먹물을 찍는다는 것을 이해한다.

▪ 학습 문제 제시

> ♫ 포구락 놀이의 순서를 이해하고 포구락 놀이를 해 봅시다.

▶▶ 기초 기능 익히기(?)

▪ 포구락 놀이 계획하기

  ▶ 포구락 놀이 순서를 이해하도록 한다.
  - 다 같이 노래하기→음악에 맞추어 포구문 앞으로 이동하기→개인별로 노래하고 춤추기→채구 던지기→상벌 받기→퇴장의 순서로 놀이를 한다.
  ▶ 포구락 놀이를 할 때는 편을 나누어서 하는데, 어느 편이 이기게 되는지 알아본다.
  - 채구를 포구문에 많이 넣는 편이 이긴다.
  - 채구를 넣었을 때 상으로는 사탕을 받고, 넣지 못하면 벌칙으로 얼굴에 먹점을 찍는다(또는 스티커를 붙인다).

▪ 포구락 놀이에 사용될 노래 가사 만들기

  ▶ 포구문 앞에서 부를 노래 가사를 만든다.
  - '진도아리랑'이나 '경복궁 타령'의 가락에 노래 가사를 만들어 연습한다.
  - 자신의 장래 희망에 관한 내용, 친구에게 하고 싶은 말, 자연에 관한 내용 등으로 두 줄 정도의 노랫말을 만든다.

▶▶ 표현 방법 탐색하기(!)

▪ 포구락 놀이를 위한 역할 정하기

▶ 포구락 놀이를 위한 역할을 정하도록 한다.

- 포구문 잡는 사람: 2명, 의물 잡는 사람: 2명, 상벌을 주는 사람: 2명, 배경
음악 담당하는 사람: 1명

▶ 두 모둠으로 나누어 놀이를 먼저 할 모둠과 놀이에 필요한 역할을 맡을 모
둠을 정하도록 한다.

▪ 정해진 순서에 따라 포구락 놀이하기

- 순서에 따라 포구락 놀이를 한다.

① 다 같이 노래하기(진도아리랑 또는 경복궁 타령)
② 음악에 맞추어 춤추며 포구문 앞으로 나오기
③ 자기가 만든 노랫말을 춤추며 부르기
④ 채구(콩주머니) 던져 넣기
⑤ 상벌 받기(상: 사탕 받기, 벌: 먹물 찍기(또는 스티커 붙이기))
⑥ 음악에 맞추어 춤추며 퇴장하기

▶▶ 창조적 표현(☆)

▪ 궁중 정재의 아름다움과 재미에 대해 이야기하기

- 궁중 정재의 아름다움과 재미에 대해 친구들과 이야기를 나눈다.

▪ 포구락 놀이를 한 느낌 이야기하기

- 역할을 나누어 포구락 놀이를 한 느낌에 대해 발표한다.

▶▶ 정리(내면화)(.)

▪ 학습 내용 정리 및 평가

▪ 과제 제시

- 궁중 정재에 대해 더 알아보도록 한다.

참고자료

포구락(抛毬樂)은 9백 년 동안이나 전승되어 온 궁중 무용으로서 춤과 노래를 한 후 채구(採毬: 공의 일종으로 둥글게 생김)를 포구문의 구멍에 던져 넣는 놀이이다. 채구를 포구문(抛毬門)에 던져서 성공하면(통과하게 되면) 상으로 꽃을 받고 실패하면 얼굴에 먹점을 찍는 벌을 받게 된다.

대부분의 궁중 무용이 각종 의식에 사용되는 관계로 전반적으로 장중하고 우아한 특징을 가지고 있으며, 개인의 감정이나 개성적인 표현이 억제되어 있다. 이에 비하여 포구락은 유희적인 요소가 많은 가무희이기 때문에 성격이 다르다. 주로 궁중의 잔치에서 사용된 포구락은 단순히 노래와 춤의 표현에서 벗어나 놀이라는 유희 요소를 가미시켜 놓았고, 놀이 속에서 예기치 못한 장면이 연출되어 보는 이로 하여금 재미와 흥미를 고조시키는 특징을 갖추고 있다. 물론 학교 현장에서 포구락을 그대로 재현한다는 것은 가능하지도 않고 의미도 없다. 따라서 포구락의 기본적인 절차와 내용을 바탕으로 하여 학생들의 상황과 수준에 맞추어 새롭게 구성하는 작업이 필요할 것이다.

● 포구락 감상 교육을 위한 각 교과별 통합적인 요소

궁중 정재 포구락을 통하여 만들기(실과), 그림그리기(미술), 놀이와 춤(체육), 노래와 음악(음악)을 교육할 수 있다. 따라서 학생들이 모든 요소를 골고루 발달시킬 수 있도록 수업을 구성한다. 가장 중점을 두어 지도할 것은 모든 학생들이 협동하고 즐거운 마음으로 참여할 수 있도록 수업을 계획하고 실행하는 것이다.

가) 만들기(실과)

(1) 포구문 만들기

포구문은 포구락 놀이에서 가장 중요한 기구이다. 원래의 규격이나 모양으로 만들기에는 어려움이 있기 때문에 주위에서 구할 수 있는 넓은 마분지종이판(또는 나무 판넬)을 이용하여 만드는 것이 효과적이다. 판의 정중앙에 지름 약 15cm 정도의 구멍을 뚫어서 포구락 놀이판을 만든다. 이때 구멍이 너무 작거나 크면 놀이의 재미가 없기 때문에 적당한 크기로 만들고, 도구를 사용할 때 안전에 주의하여 만들 수 있도록 지도한다. 놀이판을 만들면 적당한 스탠드(기둥) 사이에 놀이판을 부착한다.

(2) 의물 만들기

포구락에는 죽간자, 인인장, 용선, 정절 등의 다양한 의물이 등장한다. 의물은 의식에 사용되는 물건이라는 뜻으로 양쪽에 늘어서게 된다. 이와 같은 의물을 그대로 흉내 내어 만들기는 어려우므로 하얀 헝겊이나 도화지에 자기들이 정한 문양이나 문구 등을 더해 실용적으로 제작한다.

나) 그림그리기(미술)

포구문과 의물이 완성되면 다양한 재료를 이용하여 포구문과 의물에 추가적으로 장식을 해 볼 수 있다. 예를 들면, 락카를 이용하여 바탕색을 칠하고 리본이나 색종이 등으로 아름답게 꾸민다. 사진 자료나 견본 등을 잘 활용한다. 교육적 관점에서 보면, 잘하는 사람 한두 명이 전부 하는 것보다 여러 사람이 협동하여 만드는 것이 낫다.

다) 놀이와 춤(체육)

(1) 놀이하기

포구락의 놀이는 원래 채구(彩球)라고 하는 나무공으로 하지만 만들기나 구하기가 어렵기 때문에 체육시간에 사용하는 콩주머니나 배드민턴 셔틀콕을 이용하는 것이 효과적이다. 아이들에게 콩주머니와 셔틀콕을 주어 자신들이 만든 포구문에 던져 넣으면서 놀이를 하면 된다. 포구락 놀이의 전통적인 방식으로는 상으로 꽃을 주고 벌로는 얼굴에 먹물을 찍는 것으로 되어 있지만, 응용하여 현실적으로 가능한 방법을 선택하면 된다. 예를 들면, 상으로는 사탕이나 과자를 주어 그것을 들고 춤을 추게 하고, 벌로는 얼굴에 스티커를 붙이는 것으로 대신할 수 있다.

(2) 포구락 이해하기

포구락 놀이를 잘하기 위해서는 포구락에 대한 기본적인 지식이 필요하다. 궁중 무용(또는 궁중 정재)이 어떤 의미가 있는지에 대한 이해를 바탕으로, 포구락의 역사와 연행 절차에 대해 먼저 배울 수 있다면 단순한 놀이를 하는 것보다는 의미가 있을 것이다. 이때 여러 가지 사진 자료나 시청각 자료(비디오)를 활용하면 좋다. 특히 음악에 따른 움직임을 잘 관찰하게 한다.

(3) 춤추기

궁중 무용에 대한 전반적 조망 후에는 관찰한 궁중 무용의 기초적인 발동작이나 팔동작을 직접 해보게 한다. 학생들은 궁중 무용에 대한 경험이 부족하기 때문에 처음에는 쉬운 동작을 반복적으로 연습하여 몸에 익히도록 한다. 어느 정도 익숙해지면 즉흥적으로 춤을 추게 하거나 학생들이 미리 춤을 구성하여 춤을 추도록 한다. 그리고 지루해지지 않도록 다양한 장구 장단 또는 어울리는 음악에 맞추어 춤을 추게 한다.

라) 노래와 음악(음악)

(1) 노래 부르기

대부분의 궁중 무용은 노래가 항상 함께 불리는데, 그 가사가 한문으로 되어 있고 어렵기 때문에 아이들이 따라 하기에는 무리가 있다. 따라서 아이들의 일상생활과 관련된 노래 가사, 자기의 장래 희망을 표현하는 가사, 자연의 아름다움을 표현한 가사 등을 창작하도록 하여 노래 가사를 만드는 것이 좋다. 이때 감상하려는 음악의 흐름을 고려하는 것이 필요한다.

(2) 음악

포구락에 사용된 음악은 『고려사 악지』에는 수룡음령이, 『악학궤범』에는 소포구락령이 사용되었으며, 최근에는 향당교주가 사용되고 있다. 춤을 추기 위한 반주음악으로 향당교주를 들려주는 것이 가장 좋겠지만, 그것이 어려운 경우에는 현악영상회상 중 타령이나 관악 영산회상의 세령산과 같은 곡도 사용하기에는 무리가 없을 것이다. 그리고 학생들은 빠른 음악을 좋아하므로 천년만세 중 양청도드리와 같은 곡을 사용하는 것도 효과적일 것이다.

음악을 듣고 춤을 추는 것 외에, 다양한 장구 장단에 맞추어 춤을 추는 것도 하나의 방법이 될 수 있다. 입장이나 퇴장할 때에 교사가 장구 장단을 쳐주어서 그 장단에 맞는 춤을 추도록 지도한다. 또한 미리 만든 노랫말에 감상곡 분위기와 어울리는 간단한 선율을 창작하여 노래하게 하거나 기존 선율에 얹어서 노래하도록 하면 효과적이다.

학생들의 표현능력 신장을 위한 포구락 감상 교육에서 각 교과의 통합적인 요소를 표로 나타내면 다음과 같다.

영역	학습 과정	세부 학습 활동
만들기(실과)	재료 준비하기	◦ 각목, 마분지, 청테이프, 망치, 못, 톱, 헝겊 등 ◦ 제작상의 주의점 알아보기
	설계도 만들기	◦ 『악학궤범』에서의 치수 알아보기 ◦ 포구문의 설계도 만들기(2모둠으로 나누어서 제작) ◦ 의물의 문양이나 새길 문자 구상하기
	抛毬門 및 의물 만들기	◦ 설계도에 따라 포구문 및 의물 만들기
그림 그리기 (미술)	抛毬門 및 의물 장식하기	◦ 락카, 물감, 리본, 색종이 등으로 장식하기
놀이와 춤(체육)	궁중 무용의 뜻 이해하기	◦ 궁중의 잔치 관찰하기 ◦ 궁중 정재의 뜻 이해하기
	포구락 알아보기	◦ 포구락의 뜻 ◦ 포구락의 역사 ◦ 포구락의 연행 절차
	궁중 무용의 기본 춤사위	◦ 궁중 무용의 기본 발동작 및 팔동작 익히기 ◦ 팔에 한삼을 끼고 춤추기
	포구락 놀이 계획하기	◦ 놀이 순서 익히기 ① 모두 노래하기(진도아리랑 또는 경복궁 타령) ② 다양한 장구 장단에 맞추어 앞으로 나오기(또는 음악에 맞추어 걸어 나오기) ③ 자기가 만든 노랫말을 춤추며 부르기 ④ 채구(콩주머니) 던져 넣기 ⑤ 상벌 받기(상: 사탕 받기, 벌: 얼굴에 먹물 찍기 또는 스티커 붙이기)
	포구락 놀이하기	◦ 역할 나누기(포구문 잡아주는 사람, 음악 틀어주는 사람, 상벌을 주는 사람 정하기) ◦ 정해진 순서에 따라 포구락 놀이하기

노래와 음악 (음악)	노랫말 만들기	◦ 자기가 하고 싶은 말을 노랫말로 만들기(자신의 희망, 친구에게 하고 싶은 말, 자연의 아름다움 표현하기 등등) ◦ 한 도막 정도의 노래 만들기(후렴은 정해주기) - 후렴: 얄리 얄리 얄랑셩 얄라리 얄라, 어귀야 어강됴리 아으 다롱디로
	음악알기	◦ 포구락의 반주음악 알기 ◦ 반주음악 들어보고 그 장단 알기

|표 VI - 30| 포구락 감상 교육을 위한 각 교과의 통합적인 요소

참고자료

<포구락 정재>

<포구문>

Judah-Lauder Chris(2001). Hand Drums on the Move. Beatin'Path Publications.

John-Steiner, V. (2006). Creative collaboration (Pbk. ed). Oxford University Press.

Wuytack, J. J. A. (1994). 김영전 편저(2008). 오르프 슐베르크 테크닉의 이해. 음악세계.

Miller, C. C. & Jacobson, J. (2013). Multimedia music history for the classroom. Hal Leonard Corporation.

Michael Widmer(2018). 제 10회 오르프 슐베르크 겨울 국제 세미나 자료집. 오르프슐베르크연구회.

Pitts, S. (2005). Valuing musical participation. Ashgate.

Slavin, R. E. (1983). When Does Cooperative Learn ing Increase Student Achievement? Psychological Bulletin, 93(3), 429-445.

Ware, Clifton(1998). Basics of Vocal Pedagogy, McGrow-Hill

Webster, P. R. (1990). Creativity as Creative Thinking. Music Educators Journal, 76(9), 22-28.

고수정(2010). Listening map을 활용한 초등음악 감상 지도방안. 서울교육대학교 석사학위 논문.

국립국악원(2002). 국악교육 체계화 연구-기악·창작·감상(Ⅳ감상영역). 국립국악원.

길애경, 임미경(2013). 초등음악지도법. 수문당.

김민하(2019). 2015 개정 초·중등 음악교과서의 국악 창작 활동 구현 양상. 국악교육연구. 제13권 제2호. 한국국악교육연구학회. 6.

김영운(2015). 국악개론. 서울: 음악세계.

김영운(2000). 한국 민요 선법의 특징. 한국음악연구 제28집. 한국국악학회. 39.

김영전(2008). 오르프 악기 편성법. 음악세계.

김은희(2021). 서울교육대학교 종합실습 음악과 시범수업 과정안.

김재은, 이성진(1983). 예술을 통한 교육(유아교육전서 6권).

김혜정(2015). 민요의 재창조 원리와 국악 창작 교육의 방향. 국악교육의 지향과 민요의 교육적 활용. 민속원. 215.

김희라(2010). 국악 가창 교수·방법 분석 및 적용 방안. 국악교육연구 제4권 제2호. 국악교육연구학회. 83.

박상하(2003). 초등학교에서의 개별악기 지도의 단계적 접근 방법: 제7차 교육과정의 권장악기를 중심으로. 초등교육연구 제17권 제2호.

박지현(2011). 초등학생의 음악 창작활동 과정 및 지도방안 연구. 아동교육, 20(2), 5-18.

박현규(2002). 포구락의 기원과 변천. 한국음악연구 제31집. 한국국악학회. 2002.

변인정(2015). 베토벤 「월광 소나타」의 감상 지도 방안 연구. 한국교원대학교 석사학위 논문.

서한범(1998). 시김새론. 한국민속학 제 30호. 민속학회. 74-75.

송혜나(2007). 초등학교 단소 수업의 단계적 교수·학습 전략 -코다이의 이동도법에 의한 계이름으로 노래 부르기에 기초하여-. 연세음악연구 제14집. 연세대학교 음악연구소. 88.

승윤희, 민경훈, 양종모, 정진원(2019). 예비교사와 현장교사를 위한 초등 음악교육(2판). 학지사.

양소영(2018). 음악역량 함양을 위한 창의적 사고과정 기반 초등음악 창작수업 사례 개발. 예술교육연구, 16(4), 119-138.

윤명원(1996). 우리나라 현행 초·중등 음악교과서 상의 시김새. 우석대학교 논문집. 제18집. 244.

이동재(1992). 한국 민요의 음계에 따른 가락 지도의 단계 연구. 한국교원대학교 석사학위 논문.

이보형(1977). 호남지방 토속 예능조사 판소리고법(Ⅱ). 문화재 제11집. 문화재관리국. 67-68.

이용식(2006). 민속, 문화, 그리고 음악. 집문당.

이춘희, 배연형, 고상미(2000). 경기12잡가. 예솔.

이혜구, 임미선(2005). 한국음악이론. 서울:민속원.

이흥구, 손경순 공저(2003). 朝鮮宮中舞踊Ⅱ. 은하출판사.

이홍수(1992). 느낌과 통찰의 음악교육. 서울: 세광음악출판사.

임은정(2015). 초등학교 음악 교과서의 생활화 영역 분석 연구. 음악교수법연구, 16, 159-182.

장사훈(2003). 한국무용개론. 대광문화사.

전성수(2014). 최고의 공부법 하브루타의 비밀. 서울: 경향BP.

정일영(2006). 포구락의 통합적인 교육을 통한 표현능력 신장 지도 방안. 국악교육 제24집. 한국국악교육학회. 2006.

정일영(2014). 입김의 성질에 따른 단소의 단계적 지도방법. 국악교육연구 제8권 제2호. 한국국악교육연구학회. 66.

정일영(2014). 초등학교 국악 표현영역 수업을 위한 수업 단계별 특성에 관한 연구. 국악교육 제38집. 259-301.

정일영(2015). 단소 음계에 따른 단소 명칭 고찰. 국악교육연구 제9권 제1호. 한국국악교육연구학회. 222-224.

정일영(2018). 다문화 학생을 위한 국악 중심 언어 융합 교육의 방향과 지도의 실제. 글로벌교육연구. 10(1), 53-94.

정일영(2020). 습악(習樂)을 통한 초등학교 국악 교육 방안. 동양음악 제48집.

정혜영(1977). 아동의 성장 발달과 놀이의 중요성. 이화여자대학교 가정대학 가정관리학과 가정관리연구.

제주특별자치도민속자연사박물관(2014). (2013~2014) 꿈다락 토요문화학교 차오름 프로그램 : 촐람생이들의 숨비소리 도전!. 제주: 제주특별자치도민속자연사박물관.

조수철(2002). 베토벤의 삶과 음악세계. 서울대학교 출판부.

조해리, 백재연(2018). 하브루타 음악 수업 시 학생의 질문 유형 특성 –초등학교 3학년을 중심으로. 음악교육연구, 47(2), 189-209.

조효임, 장기범(2004). 초등기악 교육론. 서울: 도서출판 화인.

천이두(1993). 한의 구조 연구. 문학과 지성사.

최미설(2021). 디지털 매체와 온-오프라인 블렌디드 환경을 활용한 협력적 음악 창작 활동 질적 탐구: 그룹 내 협력과정과 개인의 변화를 중심으로. 서울대학교 대학원 석사학위논문.

최영선(2012). 초등기악 교육의 다양성 신장을 위한 악기자료. 서울교육대학교 교육대학원 석사학위논문.

최은식, 오지향(2016). 창의적 사고과정 기반의 음악창작 수업 모형 제안. 교사교육연구, 55(2), 214-226.

최은아 외(2022). 음악중심 통합수업. 학지사.

최지영(2019). 영상제작 활동을 활용한 중학교 음악감상 수업지도방안 연구. 부산대학교 대학원 석사학위 논문.

최충식(2007). 국악장단에 내재된 분박의 교육을 통한 장단학습 지도 방안 연구: 이담 농악장단에 기하여, 추계예술대학교 교육대학원 석사학위 논문.

최충식(2021). 장단의 구성 원리에 기초한 창의적 장단학습 방안 연구, 경인교육대학교 교육전문대학원 박사학위 논문.

최헌(1996). 전통음악 음조직의 유동음에 관한 고찰. 한국음악연구 제 25집. 한국국악학회. 194.

한국민족문화대백과사전 편찬부(1991).

허화병, 김관희 편저(2007). 초급편 단소교본. 세광음악출판사.

현경실(1997). 초등학교 기악 교육의 문제점과 개선방향. 대구교육대학교 초등교육연구논총 제10집.

저자 약력

주대창 [전체 총괄]
서울교육대학교 음악교육과 졸업
독일 기센대학교 철학(음악학) 박사
현) 광주교육대학교 음악교육과 교수

백재연 [담당: Ⅰ. 누구나 즐길 수 있는 노래 부르기 수업]
연세대학교 음악대학 성악과 졸업
미국 뉴욕 주립대학교 음악예술학 박사
현) 서울교육대학교 음악교육과 교수

강명신 [담당: Ⅱ. 쉽고 재미있는 악기 연주하기 수업]
광주교육대학교 실과교육과 졸업
한양대학교 교육대학원 음악교육 석사
이화여자대학교 공연예술대학원 음악예술경영 석사
현) 서울 방일초등학교 교사
숙명여자대학교 일반대학원 문화예술교육학과(협) 박사과정

최미설 [담당: Ⅲ. 음악을 맛있게 요리하는 창작 수업]
서울교육대학교 음악교육과 졸업
서울대학교 음악교육학 석사
현) 서울 영도초등학교 교사
서울대학교 음악교육과(협) 박사과정

최은아 [담당: Ⅳ. 활동이 있는 음악 감상 수업]

서울교육대학교 음악교육과 졸업

한국교원대학교 음악교육학 박사

현) 전주교육대학교 음악교육과 교수

조해리 [담당: Ⅴ. 학생이 발견하는 음악 생활화 수업]

서울교육대학교 음악교육과 졸업

서울교육대학교 교육전문대학원 초등음악교육 석사

현) 서울 고원초등학교 교사

정일영 [담당: Ⅵ. 우리 음악의 멋과 맛을 키우는 국악 수업]

서울교육대학교 음악교육과 졸업

서울대학교 한국음악과(협) 박사

현) 서울 남정초등학교 교사

초등음악수업, 질문에 답하다

초판발행	2022년 8월 22일
지은이	주대창 · 백재연 · 강명신 · 최미설 · 최은아 · 조해리 · 정일영
펴낸이	노　현
편　집	김다혜
기획/마케팅	최동인
표지디자인	이소연
표지/본문 삽화	정인혜
제　작	고철민 · 조영환
펴낸곳	㈜ 피와이메이트
	서울특별시 금천구 가산디지털2로 53, 한라시그마밸리 210호(가산동)
	등록 2014. 2. 12. 제2018-000080호
전　화	02)733-6771
f a x	02)736-4818
e-mail	pys@pybook.co.kr
homepage	www.pybook.co.kr
ISBN	979-11-6519-249-5　93370

copyright©주대창 외 6인, 2022, Printed in Korea

정　가　　19,000원